原来这就是经济学
16堂大师经济课

钟伟伟　著

·北京·

图书在版编目（CIP）数据

原来这就是经济学：16堂大师经济课 / 钟伟伟著.
北京：化学工业出版社，2024.9. — ISBN 978-7-122
-45847-6

Ⅰ.F0-49

中国国家版本馆CIP数据核字第20241X1X10号

责任编辑：张　曼　　　　　　　封面设计：尹琳琳
责任校对：刘　一　　　　　　　内文设计：王秋萍

出版发行：化学工业出版社（北京市东城区青年湖南街13号　邮政编码100011）
印　　装：河北延风印务有限公司
710 mm×1000 mm 1/16　印张 $12\frac{1}{2}$　字数 250千字　2024年9月北京第1版第1次印刷

购书咨询：010-64518888　　　　　　　　　　　售后服务：010-64518899
网　　址：http://www.cip.com.cn
凡购买本书，如有缺损质量问题，本社销售中心负责调换。

定　　价：49.80元　　　　　　　　　　　　　版权所有　违者必究

使用说明书

经济学大师
卡通经济学大师形象更能贴近读者。

经济学大师介绍
用言简意赅的文字介绍经济学大师的生平和作品。

图解知识点
生动、形象地用图解式解构经济学难题,用活泼图画再现经济学场景。

王永军老师评注
对于经济学,每个人都有自己的见解。山东大学经济学院王永军老师的这种评注体,堪为引玉之砖。

经济学大师的话
经济学大师点睛的话语,概括经济学点滴。

参考书目
在每一堂课结束后,经济学大师会推荐一些参考书,让读者拓展知识,加深对课程的理解。

大师课堂
运用穿越时空的手法,邀请16位经济学大师逐一走进课堂,讨论与现代社会生活密切相关的16个话题——土地、农业、自由、价值、需求、边际、二元论、保护、国家、计量、周期、危机、资本、生产、复苏和博弈。

推荐序

经济学的兴趣和利益

我是在 20 岁左右开始接触经济学的。当时教期货的教授对我们说:"经济学是非常乏味的,你要么能从中找到兴趣,要么能从中找到利益,否则你的学习就无法持续下去。"这句话我一直不曾忘怀。虽然我对经济学的兴趣并没有减退,但是仔细琢磨,觉得也仅仅在经济学中找到了兴趣——至今仍是穷书生一个。

根据学生的说法,我已经"out"了,我对经济学的神秘性和不可预知性的兴趣不能成为他们研究经济学的动力。我所认识的社会人士和教过的学生绝大部分接触经济学的动力是利益,而很显然,一个本身不能从经济学中获得利益的学者,对他们来说太没有吸引力了。

2011 年,我成了一名教师,也在课堂上讲述期货,而学生们一如从前的我,与其说是兴趣不如说是在利益的支持下来听我的课。其中有一位学生把我讲述的内容放到实际的证券市场上进行操作,获得了巨大的成功。平生第一次,利益刺激得我眼红了,于是我也投了一笔钱进入期货市场。很伤心,经济学的神秘和不可预知性彻底击败了我,我血本无归,最后还向那个发大财的学生借了一笔钱来弥补亏空。

从此以后,我就很少谈到经济学世界中的利益,这不受学生欢迎,而我也一直在苦恼如何把经济学的利益和兴趣结合起来。直到发现了《原来这就是经济学:16 堂大师经济课》这本书。

这本书的作者是我的一位朋友,他毕业于中国人民大学财政金融学院,也是将经济学利益和兴趣结合起来的成功人士。书中设计了一个神秘而又动人的午夜课堂，把世界上古往今来最出名的 16 位经济学大师喊来，这些经济学大师都根据自己的个性和理论，活灵活现地在台上讲了 2 个小时的课。不得不承认，这些人讲课的水平比我高多了，深入浅出，将高深的经济学理论和社会中的经济现象相结合，还有大量的课堂互动来活跃气氛。更有意思的是，作者在书中还原了这些经济学大师的本来面目，真实反映了他们之间的对立和纠葛。

从接到书稿开始，我花了 4 个小时一口气把它读完了，心神全部沉浸其中，好像回到了学生时代。书读完了还意犹未尽，感觉经济学发展画卷依然在我眼前浮现。原来，经济学可以这么有趣！

山东大学经济学院

前 言

读者朋友，你肯定以前在书店或者书市看到过不少介绍经济学的著作，也在求学的过程中接触过很多经济学名著。比如《资本论》，我想只要上过高中的中国人就听说过这本大作，而任何一个对经济学有一点点兴趣的人都听过《国富论》，然而绝大多数人却没有时间也没有精力去阅读这些巨著。也就是说，大部分人耳濡目染的多是一些晦涩艰深的经济学术语，而根本没有系统的认识。

拿起这本《原来这就是经济学：16堂大师经济课》，你会有不同的感受，书中既没有泛泛而谈，也没有矫揉造作。读完这本书，你才能回答出这一系列关于经济学的问题：什么是经济？我们该选择怎样的经济学？该如何认识中国目前的经济形势？如何把经济学理论和现实生活结合在一起？经济学对生活有着什么样的本质改变？

经济学是研究财富产生和分配的学问，它有很多分支，其中影响力最大的就是宏观经济学，然而这些学问表面上看好像与我们的日常生活关系甚小。而那些专门介绍经济操作的著作，比如个人理财或者股票投资的著作，则总是零零碎碎的，难窥全貌。本书尝试解决经济学理论与现实生活的脱节问题。

经济学大师选择了常见的16个经济学术语，每个术语从多个角度进行阐述，采用对话和课堂实录的方式，结合国际经济环境、中国经济现状和个人经济现状，完成经济学的整体建构。

读完这本书，你可以清楚地知道如何做一个理性的经济人，如何在铺天盖地的"专家"预言中寻找真相，如何将学会的经济学常识应用到自己的工作中，如何在以往的朦胧经济意识中寻找自己的经济学。

本书和其他经济学著作不同，在内容上并没有清楚地告知读者是什么和为什么，而是需要读者去理解经济学的实质，从众多的经济现象和事件中去寻找适合自己的经济学答案：财富可能是货币也可能是土地；可能高税收对人民有利，也可能低税收对人民有利；工资上涨和工资下降对平头百姓将意味着什么……

然而每个人都有自己的知识体系——这个体系是先验的、固态的和对外排斥的，每个人在接受新知识时总会以固有知识来选择对自己有利的理论。所以，阅读这本书新奇的思考方式会是你思想的一次淬炼。

钟伟伟

目录

第一堂课 配第老师主讲"土地"

土里到底会不会长金子呢 / 002
地租是一切税收的来源 / 006
为什么纳税光荣 / 008
我是怎么做经济学家的 / 012

第二堂课 魁奈老师主讲"农业"

为什么老板才是老大 / 016
社会资本是如何运行的 / 018
无法抗拒的自然秩序 / 022
应该交哪种税才合法 / 024

第三堂课 斯密老师主讲"自由"

政府的职能 / 028
谁也不能和钱作对 / 031
是谁在操纵着这一切 / 035
完美的经济系统 / 039

第四堂课 李嘉图老师主讲"价值"

幸福的来源是什么 / 043
怎样衡量价值 / 046
工资上涨,手头就更有钱了吗 / 050
税收对国家有好处吗 / 053

第五堂课　穆勒老师主讲"需求"

经济学的终点在哪里 / 057
工资来自哪里 / 060
供给和需求的最终平衡——静态社会 / 062
双赢是怎么来的 / 063

第六堂课　瓦尔拉斯老师主讲"边际"

为何物以稀为贵 / 067
边际效应递减规律 / 070
一般均衡理论 / 071
有没有不懂数学的经济学家 / 073

第七堂课　马歇尔老师主讲"二元论"

两条腿行走的经济世界 / 077
为什么商品都有价格弹性 / 080
知识为什么能改变命运 / 083

第八堂课　李斯特老师主讲"保护"

国家利益高于一切 / 088
自己动手，丰衣足食 / 090
最赚钱的方式 / 093
一切以机器为发展中心 / 095

第九堂课　凯恩斯老师主讲"国家"

为什么会有经济大萧条 / 099
如何走出经济大萧条 / 102
能给每个人一份工作吗 / 105
钱,花出去才是你的 / 108

第十堂课　萨金特老师主讲"计量"

用数学模型来计算经济 / 113
经济学:理性还是感性 / 115
未来可以预测吗 / 118
流水不腐,户枢不蠹 / 121

第十一堂课　谢尔曼老师主讲"周期"

春种就一定会有秋收吗 / 124
成本和利润的构成 / 128
垄断等于利益最大化吗 / 131

第十二堂课　蒙代尔老师主讲"危机"

我们需要什么样的经济学 / 135
宏观经济学过时了吗 / 138
钱,有什么本质不同吗 / 141
神奇的汇率 / 143

第十三堂课　罗宾逊老师主讲"资本"

不自由市场上的竞争是什么样的 / 147
黄金时代的资本积累 / 150
是谁剥削了工人 / 152
寻找经济学的道路 / 155

第十四堂课　萨缪尔森老师主讲"生产"

流通是怎样产生利润的 / 158
快乐公式 / 160
乘数效应有什么作用 / 162

第十五堂课　格林斯潘老师主讲"复苏"

股市引导经济复苏 / 166
经济危机何时了 / 169
黄金和白银，谁是危机的赢家 / 172
消除恐慌情绪是关键 / 176

第十六堂课　斯蒂格利茨老师主讲"博弈"

什么是博弈理论 / 180
全球经济将走向哪里 / 184
金融全球化 / 186

第一堂课

配第老师主讲"土地"

> 劳动是财富之父,土地是财富之母,父母结合,就有了财富、赋税、利息……

威廉·配第(William Petty, 1623—1687)

英国资产阶级古典政治经济学的创始人、统计学家。曾任医学教授和军医,被封为贵族。对资本主义经济的研究已从流通领域进入生产领域。其代表作为《赋税论》。

张山是一个勤奋的大学生，上完了晚自习正匆匆地赶回自己的住处。

咦？为什么才到11点，怎么一辆车都看不到呢？而且夜色变得好奇怪，刚才烦躁的蝉鸣声都消失了，让人心情一下子轻快起来。

他突然发现前面有好多人，有白发苍苍的老头，有家庭主妇，也有戴着眼镜的大学生，甚至还有一个看样子才十五六岁的少年。他们在说笑，似乎很开心的样子，排着队在一个老人的指挥下走向一个礼堂。

"老先生，请问这是干什么去啊？"

"嘘，别说话。这是'财神'开设的课程，总共有16堂课，每晚一堂，都由一位经济学大师来主讲。"

"财神？肯定是假面舞会之类的吧！"张山问道，"我能知道都有谁来讲课吗？"

"别说话，马上就要开始了。"

张山走进了教室，找个位置刚坐下，就听到脚步声，接着从外面走进一个人来。"这难道是从某个黑白电影中走出来的人吗？"

只见他戴着宽阔而高大的帽子，叼着一个烟斗，留着大胡子。

这时就听见教室中一片骚动，旁边有位戴眼镜的同学在嘀咕："难道是他？来自300多年前的威廉·配第？"

土里到底会不会长金子呢

"诸君，来自遥远西方的威廉·配第给各位问安了。"那个翘着大胡子的老头摘下自己的帽子，用右手按着左胸口，给大家鞠了一个躬，然后直起身来，微笑地看着大家。

教室里一下子炸开了锅，各种议论声、尖叫声、惊叹声交织在一起。"天哪！威廉·配第！""这是怎么回事？"张山没有搭理他们，打量着这位来自300多年前的西方绅士：衣服没有想象中笔挺，穿着马靴，是绳子绑着的那种，胡子没有修剪，个子也不是很高。正当张山看向他的眼睛时，威廉·配第突然顿了顿文明杖，然后气场就变了，眼睛亮得像明灯似的，一种久掌生杀大权的气势让整个教室都安静下来。

"你们竟然不尊重大不列颠的贵族！"说完这句话，他突然停下来，又恢复到慈祥老头的模样，并伸手在胸口画了一个十字，嘴里喃喃地说了几句，然后笑了笑说："我和大家一样迷茫，既然来到这个课堂，我还是希望能和大家好好相处的。"

威廉·配第转过身在黑板上写了四个字——"土地 劳动"。他转过身，说道："我们今天要探讨的第一个问题，就是财富来源的问题，也是经济学最基本的问题。"举了一下手，又问道："你们认为口袋里的银子，我说的是钱币，是从

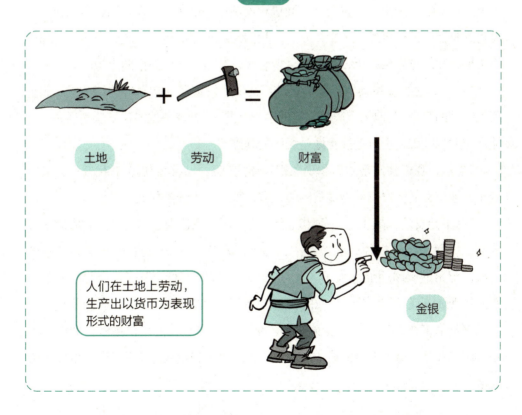

哪里来的呢?"

张山并不想举手,其他同学也一样,一部分是不想举手,不好回答,另一部分人还没有进入课堂状态。配第说:"虽然你们没有回答,但是我知道,你们肯定认为是自己劳动得来的。这个答案没有错,但是我想说的是,所有的经济、财富全部来源于土地,不管什么产业。换句话说,所有的人其实都是农民,在土里刨食儿。"

王永军老师评注

这句话完全正确,世界上没有贵族,再高贵的血统,往上追溯多少代,往往都是农民。

威廉·配第用手指了指自己说:"站在这里,我是一名教师,表面上说我的工作和土地没有关系,但是请让我为你们分析一下。"他的中文很别扭,说得很慢,字像一个个从嘴里蹦出来似的。他接着说:"我工作时,需要教室、课本等工具,需要学生来听,工资用来买面包和黄油——现在变成大米和白面了,工作的目的是让你们能更好地去赚钱。所以我们经过一层解析,发现所有的一切都指向土地,而经过两层解析,即你们努力赚钱,其实最终也是指向土地的。"

"我来到这里,和其他经济学家进行交流,发现了一句有趣的话——农业是国民经济的基础。"他闭上眼睛,沉默了一会儿,"希望各位能记下这句话——土地是农业的基础,也就是说土地是经济的基础。"

"当然,我们会发现本质和现象相背离的悲哀。从我们那个时代开始,最直接和土地打交道的农民就是最贫困的人群,直到今天依然如此。"

"这里涉及的就是土地如何体现价值的问题,我认为这本身不是政府能解决的问题,而是经济规律必然决定的,因为土地不直接长出金子。"说到金子的时候,配第的眼睛明显睁大了。"这是一个典型的老财迷。"张山心想。配第接着说:"所有的东西来自土地,由劳动来衡量其价值。也就是说,一艘船或者一件衣服价值多少,可以用多少面积的土地表示,更直观的可以用多少劳动来表示。事实就是,每一件有价值的东西都由土地数量和投入这块土地劳动的多少来衡量。"

财富来自土地

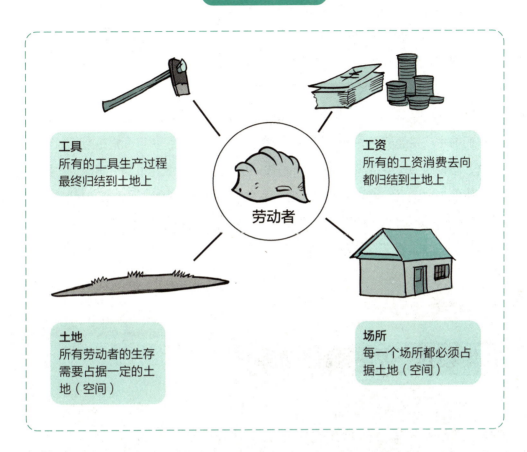

"劳动是财富之父,土地是财富之母,也就是说,土地和劳动的结合创造了财富。"威廉·配第转过身,在"土地 劳动"中间的空白处写了个加号,然后在"劳动"后写上"= 财富",又接着在"财富"右侧画了一个向下的箭头。他也不转身,自言自语地说道:"提到财富,各位首先想到的是什么呢?当然是金银,闪闪发光的金银,让人心醉神迷的金银啊。"

"你们是不是在笑我是个老财迷啊?"张山立刻把自己张开大笑的嘴巴合起来,其他人也一样,但是大家的心思都一样,眼神里都流露出"你就是"的意思。配第老师猛地转过身来,动作很大,以至于人们能听到地板发出的嘎吱声,他说:"我是一名经济学家,我当然知道那名印加国王被关在满是金银的房间里活活饿死的故事，所以我在去世前留下了一个庞大的财富帝国，但是并没有留下多少窖藏的金银。"

"金钱的威力是很大的，这一点我想各位都很有感触。"他提高了嗓门，"但是你们也仅仅是有感触，而不知道金钱的威力来自哪里。"配第老师好像一下子摆脱了绅士状态，恢复到在英国下议院慷慨陈词的样子。

"你们忽视了另外一个问题，金银是直接从土地或者说矿山生产出来的，而且它们的生产伴随着各种风险和疾病。在我们那个时代，获得金银是最具风险的事情，而且因为资源的稀缺伴随着斗争，很有可能每一块金银都沾着血迹。所以从价值上来说，金银需要更多的土地，而且还要付出和生命相挂钩的劳动。"

"所以，如果你没有金银，不要抱怨，付出更多的劳动，拥有更多的土地，自然就会获得金银。"威廉·配第的目光扫过整个教室，他的威严让整个教室鸦雀无声。

地租是一切税收的来源

"诸君，刚才的话题有点儿沉重，让我们稍微讨论一下轻松的话题。"威廉·配第抿了抿嘴，笑着问："最赚钱的土地开发是什么？"

几乎没有任何思考，大家异口同声地回答："房地产。"

"对，就是房地产开发，这里有着深刻的原因。如果以农民种粮食来比较，我们可以这么说，商人在地里种上了房子，而最后他们获得了比种粮食高得多的利润。不要以为这个说法很奇怪，我们来看一下这两者之间的关系。"张山听到这里，觉得真是不虚此行："还从来没有听过种房子这种说法。"

"农民需要40亩的土地来种植苜蓿，需要肥料、农药，还要进行收割、除草等劳动，最后获得粮食。商人也需要40亩的土地来种植房子，他们需要各种建材，需要进行建造等劳动，最后收获完整的楼房。虽然听着很诡异，但是过程是一样的。"他很得意地笑了笑。"经济学家从来不干没意义的事情，这就是赚钱

种房子和种庄稼

无论什么行业,利润最终都来源于土地,所以暴利行业房地产的利润来源于对土地的长期占用。

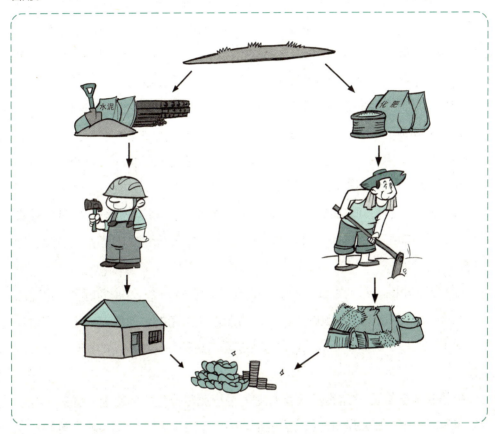

的秘密。我说种房子的比喻就是告诉你们房地产开发为什么赚钱。"

"同样是40亩的土地,种了粮食后,明年可以再重新种第二次,也就是它损失的是土地一年的价值;而种房子的话,这块土地需要经过几百年或者更长的时间来回到初始状态,它损失的是土地——假定为300年的价值。在劳动方面,房子假如能使用70年,需要100个人一年到头去建造,而70年的粮食只需要一个农夫70年的耕种。我的数学在经济学家中不算好的,但是我依然可以轻松地得出一个结论,那就是占地40亩的房子的价值是40亩粮食价值的430倍。"

"不过,这里有一个问题,房子的价值中有70%是浪费的,而浪费的部分是由国王、国家或者人民来承担的,这就是国家限制可耕地征用的原因。房地产开发的利润其实来自国家的损失,各位一定要谨记这一点。"

在经济学说史上,配第最早提出了地租理论。他认为,地租是土地生产农作物的一种剩余或净报酬,即土地总产品价值减去投资和劳动者的生活资料价值之后的余额。"从这个人一年收获的全部谷物中,扣除掉他下一年种植谷物所需要的种子,再扣除掉他自己一年所需要食用的粮食,以及他为了获取生活必需品所需要同他人进行交换的部分,剩下的就是这块土地这一年里的正常地租。"听到这里,张山都晕了,而且他回头看看,发现大家都在迷茫中。

很显然,威廉老师发现了这一点,问道:"各位是不是觉得非常难懂?没关系,这只是第一堂课,以后还有别的老师给你们详细解释。"他有些不好意思地捋了捋头发,"诸君,我想说的其实是这么一个道理,种房子是利用土地,教育是利用土地,加工面包也是利用土地,所以一切收入的形式都是相同的,那就是土地诞生的价值。"

"因此,地租是一切收入的来源。"他显然不想继续深入这个问题了,语速加快了很多,"地租是一切税收的来源,因为土地是国家的,而所有的生产活动是劳动对土地的加工,那么国家获得的收入就是从这种劳动中取得的利润,也就是地租。"

配第老师总结说:"这也是我反对对某种行业区分税收的原因。既然所有税收都来源于地租,那么所有的税收最终都将转嫁到土地税上,而显然,可耕地的价值最高,当然会承担最高的土地税。"

为什么纳税光荣

配第老师继续说:"你们可能知道,我是个贵族兼资本家,我是那部分享受税收带来的利益的阶层。所以,我们接着从我的角度来看待税收。"

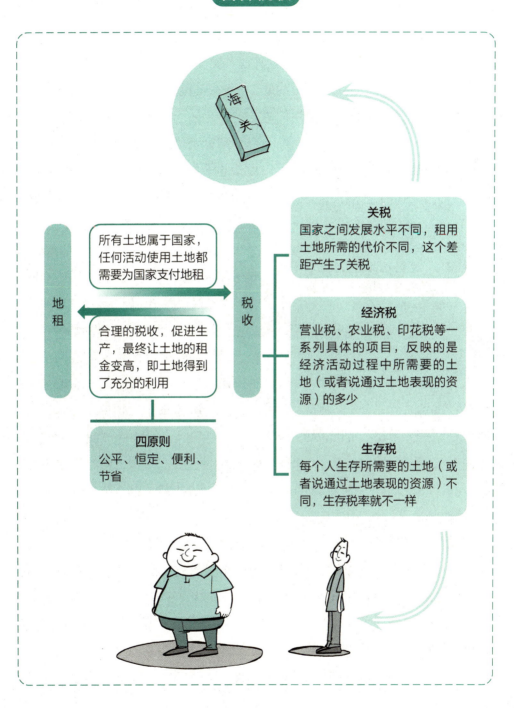

他随手在黑板上写下"纳税光荣"四个字,说:"不要以为这是口号,作为一个国家的主人翁,是一样要拿钱说话的,那就是纳税。"

"而且大家一定要放弃这种思想,认为税收是对财富的消耗。"配第老师笑得很开心,"如果对生产环节来征税,这种税收就没有恰当的理由,而如果对不生产任何物质财富的人,或者对财富的最终分配来征税,并且把税收正确地用到生产的环节,那么社会的财富就会增加。"

威廉·配第老师的话

我要对整个世界说的话是,我并不认为经济学家能改变世界,为了让每个人感到舒适,最好的办法就是各行其是。我十分了解假设我想做什么事情,前提是所有的事都是自然的,不能是被欺骗的。所以经济学家说得再好,不如你自己确确实实地在口袋里多出一个钢镚儿。

配第老师继续说:"政府可以运用税收指导人们去创办新的生产事业,增加社会财富。如果一个国家迫使那些没有完全就业的人民从事生产那些一直从国外进口的商品,或者通过对这些商品征税迫使人民从事这些商品的生产,我认为,这种赋税同样会使公共财富增加。"

"很显然,我们作为普通的纳税人,没有精力去知道税收最终用到了什么地方,所以这只能从源头上来解决,那就是税收的原则必须是公平、恒定、便利、节省。换句话说,我们可以从税收人员的数量来清楚地看出税务机制是否合理。"他好像陷入了回忆中,"我在好朋友去爱尔兰做总督的时候对他说,如果你任用了太多税务人员,或者你的征税需要经过多层人员来完成,或者说你的征税引起了当地人的抗拒,那么结果必然是暴力的、流血的。"

配第老师苦笑了一下说:"我那个朋友最终没有按照我的要求做,整个17世纪,爱尔兰都和英国王室对着干,直到现在,不过这都过去了——话题有点儿远。"他话锋一转,问道:"诸君觉得都有什么税收呢?"

教室中响起各种回答,如"关税""营业税""个人所得税"等。配第老师扬了扬自己的手,教室里迅速安静下来,大家等着他继续讲解。

"我也不知道税收有多少种,那些在历史上最离奇的税收我也听说过,但是总体说来税收大体分为关税、生存税和经济税三种。

"关税是一种类似于保险性质的税收,是在国家之间进行的税收,这种产生于经济流通利润的税收,其实是对商人的保护,也是各国对自己经济的保护。所以关税的税率不应该过高,而且必须建立一个严密的网络来征税。

"生存税是最古老的一种税,人头税就是这种税收的代表。政府可以按照人头来征税,也可以根据一个人的身份、地位来征税。可以说,这种税是非常不公平的。一个地位高的人,意味着他的生存需要更多的资源,而一个地位低的人,他的生存对资源的消耗就少。一个富翁可能每天需要10块白面包,还需要红酒、黄油、蜡烛、书籍等,占据20平方米土地;而一个乞丐每天只需要2块黑面包,加上3平方米睡觉的地方就可以了。所以对他们一起征收人头税是不合理的。那么,这种税的变通是什么呢?"

教室里安静下来,谁也不知道老师想要一个什么答案。张山嘀咕:"难道是个人所得税?"

"这位同学说得很好,就是个人所得税。"没想到配第老师的耳朵这么好使,把张山吓了一跳。

夸奖完张山后,威廉·配第接着说:"**所得其实意味着所消耗的,也就是说他的生存占据了更多的资源,需要为国家付出更多的代价。**第三种税是经济税,也就是大家熟悉的各种具体税收了。"

王永军老师评注

权利和义务永远是对等的,占用了多少资源,就得为国家带来多少利益。

这时有一个同学在座位上举了举手,大家都把目光转向他,配第老师明显脱了节——可能他那个时代没有"举手发言"的说法。那个同学站起来,低下头说:"伟大的配第绅士,我想问您,你说可耕地地租最贵,为什么直接用可耕地劳作产出粮食的农民所缴的税,也就是农业税被取消了呢?"

老绅士这会儿才反应过来,点点头示意那个同学坐下,然后说:"谢谢这位同学的提问。农民确实占用了最多的、价值最高的可耕地,所以在我们那个时代农民负担是很沉重的，真的很沉重。"他停了一停，不确定地说："中国是2006年废除了农业税，对吧？"

教室里没有人说话，他改成了确定的语气："中国在2006年废除了农业税，表面上农民不再因为占用可耕地缴税，但是农产品和工业产品的巨大价格差依然存在，也就是直接对农民征收的税转嫁到农民需要的产品中来，比如化肥、农药、肥皂、衣服等。相比于其他产业，农业的利润率很低，也就是说，农业的一部分利润变成了税收被征走了。那么这个过程是通过什么来实现的呢？"

"我刚才说什么了？对，一切税收都来自于地租，能实现这个转嫁的原因就是地租。"配第老师虽然问了问题，但是明显没有给出同学们想听的答案，而是自顾自地敲了敲黑板说，"不管是什么原因，税收就是土地的利润，而土地是谁的？"

这时有几个调皮的年轻学生说"是人民的"，配第老师说："对，是属于全体人民的。所以，作为人民的一员，你所得的一切是劳动作用于土地产生的，当你在对土地发生作用的时候，这块地就是你的。所以，你必须付出地租，也就是税收。"

"因此，"配第老师进入总结状态，"纳税是一种义务，而完成义务是光荣的。"

我是怎么做经济学家的

"到这里，我要讲解的经济学内容都讲完了。"威廉·配第接着说，"我想如果哪位同学之前听说过我的名字，应该知道我是一个兼职经济学家。确实是，我怎么就成了经济学家呢？"

听到这里，教室里一片议论之声。配第老师继续说："我的父亲是一名手工作坊主，我总能回忆起半夜父亲在昏黄的煤油灯下敲打的声音，还能回忆起父亲的学徒被责打时发出的惨叫声。"这时他显然沉浸到童年的回忆中去了，"依照我的家庭条件，我最大的可能是成为一个作坊主，然后默默无闻地死去，这让我很难过。所以在读了两年书，知道了有一个广阔的世界后，我就向往去大海上谋生。"

"可是我的水手生涯刚开始不久，就发生事故了，我不得不进入一家教会学校。"配第老师又在胸口上画了一个十字。"蒙主的荣耀，我学会了拉丁文、希腊文、法文、数学和天文学等，并随后在好心的神父的资助下上了大学，学习医学。"配第老师说到这里，终于从回忆中"醒"过来。"我想说的第一句话是，教育是非常重要的，经济学是一门系统的学科，如果诸君真想深刻了解经济学的真谛，那么对各门学科广泛涉猎是必不可少的。"

"后来，革命发生了。在革命的浪潮中，我实际上担任了爱尔兰地区的总督，目睹英国各地的发展不平衡，眼看爱尔兰人民的悲惨生活，所以我一直致力于让人们生活得更好，这种实践经历让我对经济学的理解更加深刻了。"配第老师得意地说，"大部分经济学家是在实验室、数据、调查中去完善自己的理论，他们并没有机会在实践中去验证自己的经济理论，或者说相比于别的经济学家，我的理论来自实践。针对这一点，我要说的第二句话是，经济学来自实践，不要盲信某种理论，要做出什么经济上的决策，最好还是根据自己的实际情况决定。"

"我想说的第三句话就是，国家经济、个人经济都是相通的，可以通过经济学为个人谋利益。"他转过身敲了敲黑板，把手停在"地租"两个字上，接着说，"经济和人体一样，工农业就像必不可少的血液，而商业是输送血液的血管，所有经济学内容都是让这个人更强大、更健康。我们可以通过数字、重量、尺度等各种方法进行经济计算，我把它称为政治算术。在算术中，5000个农民各自耕种10亩土地所产生的财富，没有5000个农民为我耕种50000亩多，也就是说，我获得利益的同时，为国家贡献的地租更多。"

"话题回到我要说的第三句话上。"能看出来配第老师想要结束这堂课。他继续说："不管用什么经济理论，只要通过正当的手段获得了收入，那么你的学习就是成功的。"

"谢谢大家，我要说的话说完了。"他慢腾腾地戴上帽子，走到门口，突然回过头来,"我和你们一样是草根,但是我通过不懈努力,创造了一批富二代,希望各位也能成功。"教室里很安静,因为大家都和张山一样,不知道如何评价这位经济学家。

"难道你们不能给我一点儿掌声吗?"威廉·配第的笑容很灿烂,在学生雷鸣般的掌声中消失了。

配第老师推荐的参考书

《赋税论》 威廉·配第著。本书是威廉·配第在 1662 年为英国国王而创作的赋税专著。这本书摆脱了当时流行的重商主义的影响,把政治经济学的研究从流通领域转到生产领域,对新时代资本主义生产发展起了指导作用。

《爱尔兰的政治剖析》 威廉·配第著。威廉·配第的一个朋友到爱尔兰担任总督,于是他为朋友剖析了爱尔兰的政治经济局势,并指导那个朋友该如何做。这本书系统完整地向读者剖析了该如何分析区域状况。

第二堂课

魁奈老师主讲"农业"

> 当所有人都没米下锅的时候，人类才能最终感受到农业的可爱。

弗朗索瓦·魁奈（François Quesnay, 1694—1774）

　　法国经济学家，重农学派创始人。曾任宫廷御医，被封为贵族。传说他到了 11 岁还不识字，在他的强烈要求下，在家中排行第十的魁奈才获得识字的机会。因此他非常热爱学习，曾经步行十几里到巴黎买书，在回程的路上就把书给读完了。他将医学和经济学结合，独创了以血液循环方式来图解经济运行的方法。他的经济主张是古典政治经济体系的基础。

为什么老板才是老大

到了第二次上课的时候,大家对会有什么样的老师出现在讲堂上做好了充分的准备,但是当今天的主讲老师走进教室时,所有人还是惊呆了。只见一个身材中等微微发福的老者,头上戴着白色的、垂到肩膀的假发,脸上的脂粉很厚,白得没有血色,那身黑色的西装,仔细看会发现一团又一团的花,比女人的衣服还艳丽。

"我叫弗朗索瓦·魁奈,有幸入选 16 位经济学大师名单,来为各位讲课。"他一说话更是让所有学生吓了一跳,浑厚而悦耳的男中音带着浓浓的卷舌音,让人心醉神迷。

王永军老师评注

近代史上,法国盛产经济学家和艺术家,德国盛产哲学家和军事家,所以德国国强、法国民富。

那个一开始就很懂行的同学,一声惊呼:"魁奈,**法国的那个大牛**来了。"这让张山更是好奇了:"不知道这位经济学大师会为我们讲点儿什么呢?反正听到这么好听的声音就没白来。"

"请大家安静一下,可能大家对我这身服装有意见。"教室里安静下来,只有魁奈老师的声音在回荡。"我和我们的时代认为这样很美,当然,我们今天讨论的不是美的问题,而是经济学的问题,而所有的经济问题都和美无关。"

"我们今天要讨论的第一个问题,就是生产关系的问题。"他转过身,在黑板上写下"地位"两个字。"换句话说,就是在生产中老板是老大,这个现象的原理是什么呢?"

几个学生听到这句话,便开始议论:"老板当然是老大,这还用问吗?"其他人也面面相觑,不知道魁奈老师要表达什么意思。这个反应显然被老师看到了,他随机选择了一个学生,说:"这位同学,请问你是从事什么工作的?"

那个学生非常小声地回答,张山也没有听到,魁奈也没有听到,那个人身边的几个学生纷乱地说"卖门的""销售员"。魁奈老师这次听到了,他敲了敲桌子

老板和老大

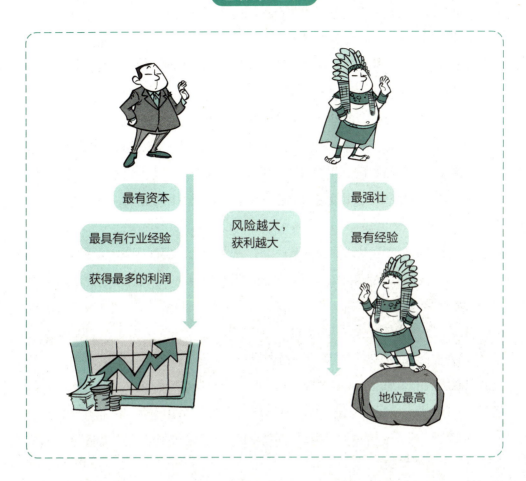

说:"请安静。你是一个销售员,对吧?那么请问,你觉得你做的工作比老板多吗?你和老板到底是谁养活了谁?你在平时能和老板平等地交往吗?老板有没有无偿地送过钱给你呢?"

这一连串的问题让那个腼腆的学生不知所措。幸好弗朗索瓦·魁奈也并不需要他的答案,挥挥手让他坐下,接着问:"请问在座的各位,你们老板再有钱,那钱也不能流到你的口袋里,为什么老板才是老大呢?"

这时大家才明白老师的意思,张山也在想:"凭什么人家就是老大呢?"

"首先我们要明确这样一个观点,在经济活动中,老板不是人。"魁奈老师的表情很严肃,但是说的话太逗,所以大家都在犯嘀咕:这句话算什么?冷笑话吗?"具体来说,是这样的,任何生产活动都伴随着风险,而老板是承担风险的人。对普通员工来说,假如公司遭遇风险,没有获得预期的收入,他所损失的不过是分红或者奖金,这相比于他的工资部分是很小的。而且对员工来说,公司不好,跳槽就是了。"

张山有点儿走神了,虽然魁奈的声音好听,但是他讲的内容不新鲜,所以张山开始分心研究魁奈老师衣服上的花纹。魁奈老师继续催眠着说:"对老板则不同,遭遇风险有可能使整个公司倒闭,那么他不仅一无所获,同时还会赔上所有的投入。老板的存在就是承担这个风险的,所以老板不算劳动力,也就是说老板不是人。"

一个坐在前排的女生站了起来,问道:"那为什么人们都畏惧老板?"

"你这个问题让我很高兴。"魁奈老师对她点了点头,接着说,"说明还是有人在认真听课。心理学家告诉我们,所有关于畏惧的情绪都来自童年或者人类的早期时代。你害怕老板是十几年和几十万年前决定的。"

"因为你父亲害怕老板,而他害怕老板的原因是几十万年前的老祖宗害怕老板。在原始生产活动中,承担风险的总是最强壮且最机警的战士,他们还有个名称叫作'酋长'。换句话来说,他们拿自己的一切来承担风险,获得了更多的财富和更高的地位以作为回报,而这些都是早期人类判断这个人是否有危险,应不应该对他畏惧的根据。"

很多同学和张山一样发出"哦"的声音,觉得很有道理。可是魁奈老师突然哈哈大笑起来,严肃的脸霎时活动起来,那些粉也纷纷从他的脸上掉下来。正在大家一头雾水时,老师说:"你们信了?这也信?"

社会资本是如何运行的

魁奈老师拍了拍手,满脸笑容地说:"你们相信就对了,经济学家是不爱开玩笑的。""不信。"张山心里暗想。

"刚才的开胃小菜我们尝过了,接下来我们需要知道的是社会资本是如何运行的。"魁奈拿起一支粉笔,转身在黑板上做出写的动作。他问道:"你们认为经济运行中需要些什么因素呢?"

教室里纷乱起来,各种声音响起来,张山说了句"资本",这时有一个少年搞怪地说了一句"经济学家",所有人都哈哈大笑起来,魁奈老师也笑着说:"财富、人口、消费、需求、价格与价值、货币、生产,没有经济学家。"他边说边写,而且随着同学们的回答黑板上的字越来越多。

教室里安静下来后,魁奈老师说:"大家回答完了吗?我们现在要搞清楚的是,在这些纷繁复杂的要素中,哪些是必要的,哪些是经济运行的关键。"

"我非常喜欢中国文化,一直认为一部《论语》可以轻松打倒希腊七贤。中国古代有这么一句话:'授人以鱼不如授人以渔。'我不会直接给你们答案,需要你们在课后总结,我只是在这里告诉你们我所知道的事情。"

"第一段话,关于财富。任何经济运行的研究都离不开财富,究竟什么是财富呢?财富和财物是有所区别的:财物没有交换价值,财富有交换过、出卖过自己的价值,也就是说财富的实现必须先交换。比如有一块我们都认为是财富的土地,如果将这片土地放在喜马拉雅山脉的某个峡谷里,从来没有人进去过,对人类社会而言,这算财富吗?不算。总之,我们要记住,一件物品必须满足人们的需求,是人们通过分工生产、相互交换而来的物品,以满足劳动者个人的需求,这才是财富。"魁奈老师进入亢奋状态,一直滔滔不绝,而同学们反应很冷,毕竟大多数人对这些专业的经济名词都不太懂。

"什么是人口?什么是人?什么是劳动力?"魁奈老师转身指着黑板上的字说,"人是因为消费的存在而得益,也就是说你有几百万,如果不消费,那么这几百万其实对你没有意义。不论什么地方,什么时间,只要人们能获得财富,过富足的生活,安逸地进行消费、劳动和经营而获得一切,这个地方的人口就会增长。"

他停顿了一下,继续说:"这就是经济,这就是社会发展和运行的简单模式。"

张山觉得自己明白了，又迷糊了，所以举了一下手，然后站起来问道："老师，资本不是货币形式吗？在这个简单模式里货币是什么角色呢？"

"很多人都把财富等同于货币，或者说认为占有多少货币就是占有了多少财富。"魁奈老师让张山坐下，接着说，"这是错误的，特别是对整个国家或者社会而言。"

"这是很危险的，我们伟大的法国国王路易十四就犯了这个危险的错误。"他的情绪很激动，假发都跟着跳动起来，"货币是在财富进行等价交换时的财富，本身不是消费性的，而决定国家财富多少的，绝对不是货币的多少，而是国家实际上可以用来消费的财富的多少。"

"这句话是什么意思呢？就是说，如果本身能够生产财富，那么这些财富可以转变成货币，随时弥补货币的不足；但是当你只有大量财富，而消费性财富不足时，这个过程不能被逆转。"

"现在我来举两个例子。"魁奈老师接着说，"我很喜欢中国文化，而且不要以为经济学家都是榆木脑袋，如果在法国的宫廷生活，你不会插科打诨，早就被国王厌倦了。"

"闲话少说，我们先提到的是16世纪西班牙和英国的发展。西班牙是海上贸易最先强大起来的国家，当时几乎整个美洲都是它的殖民地。西班牙控制着贸易的生命线，有着强大的海军，每年都有大量的金银——货币输入，但是这些是货币而不是财富，这些东西本身不能被消费，而是换取了来自英法的大量奢侈品，特别是英国，输入货币后努力工作，发展生产，消费性财富不断增多，并最终取代了西班牙的海上霸主地位。"魁奈老师边走边说，"这个类似的情况还发生在中国的明代末期。那个时候整个世界的白银有三分之一流入中国，然而这些是货币，并不是财富，最终也没有改变明朝国家和百姓贫穷的命运。"

"你们有人以前听说过我的名字吗？"老师问道。那个懂行的同学立即拉长声音回应"听过"。"我是一个医生，在我看来，社会经济就像人体，资本运行其实就是血液在人体内的流动。"

"我们都知道,血液如果缺少了,人就会虚弱,但是如果在不需要时,大量输血,后果是什么?对!就是心脏负担不了,血管爆裂。"魁奈老师随手在空中勾勒着,很明显是人的动脉循环图,"我最主要的工作是完成了一张经济循环表,而这张表格的灵感就是人体的血液循环。"

经济循环表

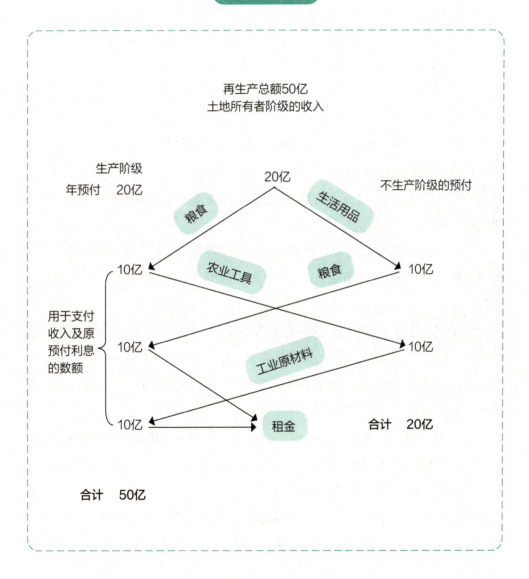

无法抗拒的自然秩序

"我们继续讲一下这个循环的问题。"魁奈老师在提到自己的专业时显得非常兴奋,说道:"上帝创造了人类,但是人类是一种需要吃喝的动物,需要不断从外界摄入营养来维持正常的生存。"

魁奈老师很虔诚地在胸口画了一个十字,嘴里嘟哝了几句,看起来像是在说法语,接着说:"我刚才说过,经济本身的运行和人体的运行是一样的。很显然,一个社会经济的正常运行也需要不断从某个地方摄入'营养'。这个营养就是农业。"他转过身来在黑板上写上"农业"两个字,边写边说。

"一切资本的本源都是农业,正是农业生产给其他各种生产活动提供原材料,给国王或者人民——他们都是土地所有者——提供收入,给政府提供税收,给农民提供利润。正是这种不断增长,源源不断地提供财富,并通过这些财富的消费,维持着国家其他一切阶层——给其他行业以动力,让商人有商品可以贩卖,让人们有食物可以吃,让工人有材料可以加工和改造,所以说,农业生产是国家繁荣的基础。"

"总之,只有农业才是人类财富的来源,只有农业发达才能让整个经济运行体系维持下去。"有同学在座位上大声地说:"老师,这是不是你们被称为重农学派的原因呢?"

很显然,这位法国绅士对这种行为很不喜欢,魁奈老师皱了皱眉头说:"这位同学,我原谅你的无礼,不过我赞成你的主张。我认为,农业是财富的根本来源,这是所有经济学家无法抗拒的自然秩序,不过,重农学派这个名词我还是第一次听说。"

老师的这句话让所有人都很惊讶,魁奈老师看出了大家的疑惑,接着说:"我对经济学家或者经济学流派研究没有兴趣,那些都是纯学术的,你知道我属于哪个学派,并不意味着你知道我要讲什么。"

老师本来想接着讲课,但是坐在前排的某个同学又举了一下手,站了起来问道:"魁奈绅士,您说农业是财富的唯一来源,意思是说我们做别的任何事情,

农业是财富的唯一来源

假设某个社会只有5个人,分别是理发师、官员、工人、农民和战士。

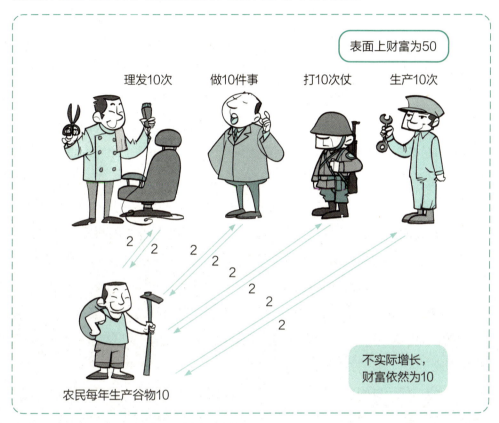

都不产生财富吗?也就是说,我们做的大部分事情不产生财富,那么其他行业的利润是怎么来的呢?"这位同学说完,还鞠了个躬。

老师也鞠了个躬回礼后,摆手让那位同学坐下:"感谢你的问题,这位同学。并不是其他行业不产生财富,而是说这些财富的最终衡量都是农业。我开始说过,财富必须通过交换来体现,结合这里,意思就是所有行业的生产财物都是最后和农业生产进行交换才转化为财富的。"

"打个简单的比方,世界上有两个人,一个农民一个战士,农民生产,战士保护他让他安心生产。显然财富是由农民直接从土地上获得的,而战士的工作——保护和农民进行交换，获得这部分财富的一部分。"张山听到这里也点点头，心想老师解释得真清楚，意思就是财富来源于农业，通过交换流入其他行业。

"在理解另外一个答案前，我们先引入一个名词。"魁奈转身在黑板上写上"纯产品"三个字，说道："什么是纯产品？就是财富的增加，也就是每一项生产活动的最终所得，减去所有的投入产生的价值，也被叫作剩余价值。在工业生产或者别的生产活动中，并没有财富的增加，也就是说没有纯产品的出现。比如一个理发师劳动了一天，理了十次发，他获得了报酬，但是社会获得财富了吗？或者说经济总量增加了吗？"

"答案是没有。比如在那里理发的 10 个人中，有 5 个是农民，他们每人支付给理发师一小袋小麦，很显然，在这个过程中，这一小袋小麦并没有因为理发师的工作而变多。另外 5 个人是官员，他们支付的是税收里的货币。而税收是谁交的呢？可能在追溯后你会发现，所有的货币其实都是通过交换了农夫的小麦而产生的。

"也就是说，在所有的工作中，任何行业的工作都只是改变了财富的交换，而没有增长财富，只有农业才确实地从土地里刨出了财富，把蕴藏在土地中的无机物变成了对人类、对社会有益的财富。"

"所以，任何国家的人民都不能忘记，土地是财富的唯一源泉，所以中国才有这么一句话'一寸河山一寸血'。"魁奈老师的情绪很激动，他继续说："在这个方面，中国比欧洲做得好多了，起码比法国好多了。"

应该交哪种税才合法

"接下来我们来讲述经济运行的重要环节——分配中的税收问题，一句话，我认为只应该征收土地税。"魁奈老师挥手加强语气，但是学生依然沉浸在幽默的气氛中，一个坐在张山附近的学生笑着说："重农学派的人肯定这么说。"声音很小，但是刚好周边几个人都能听到，包括张山都小声笑起来。

魁奈老师并没有发现学生在台下的小动作，继续说自己的话："只有农业能生产出纯产品，所以不管什么税收最后其实都是落实到了农业上。所以如果需要把赋税重新进行分配调整，需要采取负担较小的征税形式，绝对不应该向农业本身征税，而只能向农业提供的收入以及靠农业收入来维持运行的其他各个行业征税，这一点是非常重要的。"

"这是不是意味着农民就没有交税呢？因为一切税赋都是对财富的分配，也就是财富蛋糕划分给政府和人民，所以结果都是由生产财富的土地收入来负担。我曾经在《农业国经济统治的一般准则》一书中这样说过：'税赋应该是对土地的纯产品征收。'所以不能重复征税，政府必须做出选择，是征收单一的土地税，或者是征收别的税，而取消农业税？"魁奈老师进入了自问自答的状态。

张山出身于农民家庭，对取消农业税当然是赞成的，所以站起身来说："当然是不对农业征税。本来因为价格差问题，农民就处于劣势地位，如果只对直接生产财富的农业征税，或者说只征收土地税，那不是让农民的负担更重吗？"

"剪刀差，这段话是英国的威廉·配第老师教的吗？"魁奈老师对张山伸了个拇指，接着说，"说明你真是用心听了。我认为这个过程是这样的，如果只剩下单一的土地税，那么收税的过程和机构会简化，那么农民的负担就变轻了，这一个观点和配第先生是一样的，对吧？"张山点了点头。

"这个时候，只对农业征税，那么结果是什么？剪刀差消失。不错，就是剪刀差消失，因为从来源上来说，农民掌握着财富和土地，应该是其他行业依赖农业，所以农民或者说农业才有主动权。"他接着做了一个手掌反过来的姿势，接着说，"这样做的结果不是你们预想的那样农民的负担加重，而是承担税收的人才真正成为国家的主人，掌握土地的人才能成为剪刀的柄部。"

"你明白了吗？"魁奈问张山。张山虽然觉得情形未必像老师预测的那样美妙，但也觉得他说得很有道理，于是便默默地坐下了。

"各位同学是不是一样存在这样的疑惑，认为土地税作为单一税收征收不大可靠？"魁奈老师还是那么精明，明显看出张山等人的困惑，接着说，"这里牵涉土地所有权的问题,你们一定要分清楚,以我最熟悉的法国农业为例。"

"在当时,农民阶级是生产阶级,他们直接从土地获得财富,但是土地不是他们的。土地名义上是国王的,事实上是大大小小各个贵族的。农民需要向地主缴纳地租——地租中的一部分再用于支付其他的税收,很少的一部分成为国王和政府的收入。中国有句俗语,叫'羊毛出在羊身上',地主肯定不会承担这部分税收,很显然农民额外承担了这部分税收。如果只征收农业税,那么农民只需要向地主缴纳地租,而地主则需要按照所占土地的面积向国王和政府缴纳地租。"

魁奈老师的话

任何经济学家或者经济学都是在特定的背景下成立的,如果你把所知道的所有经济学知识完全照搬应用,或者根据当下的经济状况来指责以前的经济学家犯下的低级错误,那么说明你并没有理解经济学的精髓,就像他们攻击我为大资本家阶层辩护,我很想问:我生活的时代,哪里有农业资本家了?

魁奈老师结束了自己的长篇大论,一点儿不管学生们的安静,接着说:"作为一门科学,你想学习经济学,必须放弃自己固有的知识,不断接受新知识。"

在说这话的时候,魁奈老师已经走到了教室门口,潇洒地向学生们挥了挥手,就消失了。

教室里鸦雀无声——大家都被魁奈的观点冲击得"七零八落"了。

 魁奈老师推荐的参考书

《谷物论》 弗朗索瓦·魁奈著。本书是魁奈从外科医生转职为经济学家的重要作品,也是重农学派最经典的作品之一。

《经济表》 弗朗索瓦·魁奈著。本书是魁奈的最杰出成就。魁奈结合人体循环系统,将经济要素容纳在一张表格中,第一次向人们清晰地解释了经济是如何流动发展的。

第三堂课

斯密老师主讲"自由"

> 并不是因为屠夫、酿酒者、面包师的慈善，我们才能有我们的晚餐，而是因为他们自己的利益。

亚当·斯密（Adam Smith，1723—1790）

　　英国古典政治经济学体系的建立者。代表英国工场手工业已高度发达、产业革命开始时期资产阶级的利益。在爱丁堡大学和格拉斯哥大学讲授文学、逻辑学、道德哲学。他有两部传世经典——《道德情操论》和《国富论》。

政府的职能

"诸位晚上好,我是亚当·斯密,我今天要讲的是自由市场经济。"

张山其实完全没有听到老师的后半句话,因为教室里的惊叹声彻底掩盖住老师的说话声。对经济学稍微有点儿了解的人都知道,如果在经济学领域,亚当·斯密自称第二的话,那么没人敢称第一。几个经济学专业的学生可能是亚当·斯密的粉丝,竟然激动地尖叫。

张山一直在注意讲台上的这位绅士,他看上去很严肃,在一句简短的开场白之后,斯密老师就拿起粉笔在黑板上写下了"自由"一词。

"关于'自由',大家会想到很多,我们在这个课堂,我要讲的是市场经济的自由。我主张经济活动的自由,只要正常的经济活动不随便受到干扰,市场经济就能够有效率地运行。"斯密老师说。

"那么,谁在干扰市场经济呢?"斯密老师顿了一下,吐出一个词——"政府"。

教室里很多人开始窃窃私语,张山也想,一上来就否定政府的功能,这怎么行?斯密显然注意到了气氛的变化,他环视了一下人群,说:"你们可能理解偏了,我并不是在否定政府的功用,一个社会要保持正常的运转,没有一个有力的政府是不行的。我的观点是,政府应当尽可能保持政治中立,不随便干预经济活动,使每个人能按照自己的意志,自由地进行经济活动,如此才能有效率。"

"看看以前,政府在经济方面做了什么吧!政府对于市场经济的干预有两个重要的倾向,其一是重商主义,许多政府认为,大量储备贵金属是经济成功所不可或缺的,重商主义是一种在欧洲各国影响力很强的经济学说和政治主张。但是这显然是不合理的,重商主义往往将货币与财富等同起来,看似聪明,其实是荒谬的。"

讲到这里,斯密老师喝了一口水,然后说:"我不知道谁在这里放了一杯水,我要感谢他。"

张山看着老师,有些疑惑,正要讲到重点了,怎么闲聊起来了?周围的几个同学也是，乐呵呵的同时脸上也有少许不解。

这时候，斯密指着桌子上的水说："正如这杯水，喝水可以解渴，假如这里放上一块金子，或是一沓钞票呢？我即使讲到口干舌燥，也不能拿金子或是钞票解渴吧！"

"当然了，你们会说金钱可以买到很多杯子和水。事实上，持有这种观点的人已经承认了自己观点的谬误。金钱之所以受欢迎，就是因为它们可以换来物质财富，但是金钱自身怎么能够等同于财富呢？重商主义者总是将货币放在过于重要的位置，认为金银是一个国家最重要的部分，不允许本国的金银流出。这是错误的，物资才是一个国家最重要、最真实的部分。政府的重商主义就是一种错误的、粗鲁的对市场经济的干扰行为。"

斯密老师将重商主义写在了黑板上，翻了一页讲义，接着讲："政府的第二种错误行为就是重农主义。重农抑商，这也是荒谬而粗鲁的，对于一国的经济发展乃至国力的强盛是极端不利的。不仅仅是土地，贸易以及生产行为都可以增加社会财富。"

"这两种错误的观点影响到了许多国家的发展，抑制了社会财富的增加。"

讲到这里，张山不是很赞同，因为他觉得很多历史时期，政府的政策都推动了社会发展，怎么能说是错误的呢？于是张山举起手，斯密很快就注意到了张山，并示意他发言。

张山问道："那么政府应当做什么呢？"很多人都在微微点头，有人小声说："政府放任不管的话，市场经济放任自流，肯定容易混乱啊。"

斯密微微点头，让张山坐下，然后回答说："自由市场表面看似混乱而毫无拘束，实际上却是由一双被称为'看不见的手'所指引的。"

"另外，我从没有使用过'放任自流'这个词，许多人将我的观点理解偏了，我并不是反对一切干预。例如，我非常反对市场垄断，这种现象就需要一定的监管，我反对的是政府对市场机制的破坏性干预，我并不反对政府对于经济的正面干预。政府的重要性不言而喻，直接关系到一国经济运行的社会宏观环境、课征税收、法定利率、统制货币、发放信贷等。这些都是经济行为，政府做好这些经

三种经济学观点比较

	亚当·斯密 自由主义	重商主义	重农主义
财富定义	一个国家的财富是该年度土地产出和劳动所得的总和,超过流通所需的金银不能算成财富	金银等贵重金属是一国财富最稳定的部分	财富只源于农业,农民耕作才带来财富
财富的增加	市场贸易和各种生产、劳动都增加财富	和别国进行贸易,通过顺差获得大量的金银输入	扩大土地面积,发展农业生产,对土地利用是唯一途径
政府和市场	市场自我调节,政府履行职能	政府严格控制金银的输入、输出,以扩大顺差为任务	尊重个人自由和私有财产,除了努力控制农业外,别无动作
三大产业关系	农业、制造业和商业同样生产财富,是经济发展的三驾马车	外贸带来财富,所以商业才是根本	农业是财富的唯一来源,所以农业支撑着其他产业发展

济行为就是对市场经济的正面干预。"

显然这部分比较重要，斯密敲了敲桌子，接着说道："我认为政府的职能主要有三项：第一，保护社会，使其不受其他独立社会的侵犯。第二，尽可能保护社会中的每个人，使他们不受社会上任何其他人的侵害或压迫，这就是说，要设立严正的司法机关。第三，建设并维持某些公益事业及某些公共设施，这种事业与设施，在由社会公共机构经营时，其利润常用来补偿所需费用，但仅由个人或少数人代为经营，就绝不能补偿所需费用。"

他抬起头来说："这就是政府应当做的，政府应当是市场经济的'守夜人'，而不是操纵者。"

谁也不能和钱作对

休息了一两分钟后，亚当·斯密继续说道："自由的市场经济为什么能够高效率地运转，为什么能够创造出令人瞩目的成就呢？这就是利益的驱动，人人都有利己的心，每个人在追求利益的同时助推了整个社会的财富增加。"

张山的外国同学汤姆小声议论："利己之心，这可能就是为什么斯密老师的著作先是《道德情操论》，后是《国富论》的原因了吧？"

张山没有读过《道德情操论》，以前望文生义，总觉得两部著作，一部是关于人性的，另一部是关于经济学的，不相干。现在看来，还真是相关的，没有前者的人心支持，后面的自由市场经济就不好解释了。

斯密听到了汤姆的话，回应道："这位同学发言应当大声点儿，让大家都听到。确实是这样，正是具有利己主义本性的个人——主要是追逐利润的资本家——在资本主义生产关系和社会关系中控制自己的感情和行为，尤其是自私的感情和行为，从而建立一个有行为准则的市场来进行有规律的经济活动。"

"人多是以一己私利为市场活动的动力，即使有少数人看上去无私、公益，他们照样也是不和钱作对的，没有人会和钱作对。人的私心是经济交换的基础，

钱是交易媒介，谁都需要钱

货币的神奇功能

动物想要得到食物时，只能向人或者其他动物提供好感

人想要得到食物的时候，会选择交换

交换必须双方都需要，这样才能成功

交换衍生出共同的媒介

（续下表）

（接上表）

货币的种类

货币可以换取物质财富，所以人人都想得到钱

要从别人那里获得自己所需要的东西，必须给别人以他所需要的东西。于是，就有分工、交换、价值、货币等现象产生。人们在利己心的支配下做各种劳动，从而构成了私人财富和社会财富的源泉。利己心就是人的本性，经济活动是利己心作用的结果，也就是说，在自由的市场经济中，一切经济现象是客观的，不是人为控制的。"

看到下面的听众有点儿浮躁，斯密望着大家认真地说："这不需要否认，也不需要回避，利己心是人的天性，没有什么不好，谦恭、顺从、禁欲、忍耐这些传统的道德信条是一些美德，但是这些信条却在束缚着商品生产者和经营者的进取心和创造力。利己心不是美德，但也不是羞耻，这是自然赋予的，追求个人利益也是自然之理，追求个人利益的活动不应当被限制，私利不会无限膨胀以至于损害公益，因为人人都为了私利，这就会相互制约，由'一只看不见的手'引导，一步一步趋向和谐与均衡，这就是自由市场秩序的本质。"

"人人都有利己心，都不和钱作对，整个市场体制才会活跃，大量的财富才会被创造出来。假如人人都和钱作对，不愿意获得利益，整个社会哪儿来的动力去创造财富呢？"

斯密转身在黑板上写下了"利己心"，然后在后面写上了"社会财富"，指着中间的空白说："利己心具体是怎样激发、创造社会财富呢？答案是分工。"

斯密将空白处填上了"分工"，然后接着说："事实上，每个人的劳动产品只能满足自己极少部分的需要，其大部分生活需要依靠他人的劳动产品。也就是说，每个人都要依靠交换而生活。自给自足的时代已经一去不复返了，我们自己的劳动成果一方面将不足以维持生存，另一方面将绰绰有余。"

"举个例子吧，生产粮食的农民不能生产皮毛和建筑材料，那么他就不能取暖，不能住上大房子，只有粮食不足以维持生存，或是说不能很好地生活。但是，从仅仅供给食物而言，他的粮食是他吃不完的。同样的道理，生产皮毛和建筑材料的人可以造出很多保暖用品，可以盖很多房子，但是没有吃的，这就需要交换。"

斯密似乎越讲越有劲头了，滔滔不绝起来："但是，交换的双方都是为了自己。生产粮食的人将自己剩余的粮食通过交换给了生产皮毛的人，并不是担心对方没有吃的，而是担心自己没有保暖的物品，交换不是恩惠和赠予，而是有偿的物品流转。商品交易的规则是等价交换。所以，如果人们要享受更多的物品，就必须能够生产出更多的东西以获取交换的媒介——货币。"

斯密抬头看了看大家说："你们为之激动了？我就说过，没有人跟钱过不去，但是你们看，货币不是可以充饥的粮食，也不是可以保暖的皮毛，只是一种媒介。这也是对于重商主义的一种驳斥，好了，我们接着讲钱的问题。"

张山笑了笑，斯密老师还不忘回望一下，他不自觉地摸了摸自己口袋里的钱。

"每一个与市场经济有瓜葛的人,要想赚更多的钱,就必须使自己生产的物品更加受欢迎,更多地使自己的产品迅速转化为货币,因此,他必须投资和生产社会上最需要的东西。这样一来,市场经济中的人越有利己之心,越喜欢钱,就越能为社会生产更多的产品,社会的财富增长就越快。

"请给我以我所需要的东西吧,同时,你也可以获得你所要的东西。现在,这样的东西中间有了金钱作为媒介,人们就会追求金钱。所以我们每天所需的食物和饮料,不是出自屠户、酿酒者或面包师的恩惠,而是出于他们自利的打算。我们不要说唤起他们利他心的话,而要说唤起他们利己心的话。我们不要说自己有需要,而要说对他们有利。"

斯密神秘地笑了笑,对同学们说:"拍拍你们的钱袋子,你们有谁和它过不去呢?我们不会和钱作对,我们也不需要和钱作对,我们都在做主观为己、客观为人的事情,这是利己心驱动的。但是请记住,这是高尚的行为。"

众人被斯密最后的一席话逗乐了,都鼓起掌来。

是谁在操纵着这一切

掌声停下之后,斯密整理了一下衣领,摆正讲义,接着往下讲:"我们已经明确了,人类的利己心是奋斗的动力,能促使整个社会财富的增加。我也讲到了,自由市场经济不应当受到政府的过分干预,那么,市场的秩序靠什么维持呢?"

教室里的气氛顿时有些活跃,很明显,多数人还是了解斯密的,有人窃窃私语:"自然是'看不见的手'啊。"毕竟这个概念过于出名了,张山即使不是学经济的,也知道这个概念。

斯密点点头,接着说:"其实在前面两个内容上,我已经提到'一只看不见的手'了,但是这只看不见的手究竟是什么呢?"斯密转身在黑板上写下了"一种自然的、不可抗拒的神秘力量"这句话。

看不见的手

"看不见的手"完成市场均衡

在自由市场中,每个人的活动都在为自己的利益打算,最后将价格推向均衡价格,此时每个人都获得了最大的满足。不过这种均衡总是暂时的,在市场这只看不见的手的作用下,价格不断在波动中打破均衡又建立均衡。

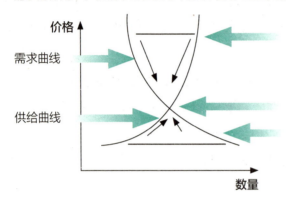

供给量大于需求量,产品过剩

相交点就是平衡点,此时产品的价格和数量达成均衡

价格低于平衡价格,数量不足,市场短缺状态

芭蕾舞门票的均衡点

以芭蕾舞门票为例。在自由市场中,一张票的价格是800元。当高于或者低于800元的时候,就会引起消费者(观众)或者生产者(剧团、演员)的不满。在"看不见的手"的操纵下,最后双方都勉强满意,价格被推回到800元左右。

满意程度 门票价格	☺=满意	☹=不满意	
1200元	☺☺☺☺☹	过剩300张	
1000元	☺☺☺☺☹	过剩100张	
800元	☺☺☺☺☺	此时,想看芭蕾舞的人都能买到票,而剧场也对盈利满意	
600元	☺☺☺☹☹	短缺100张	
400元	☺☺☹☹☹	短缺300张	

"有点儿神秘了。"张山想。众人也是聚精会神地看着斯密老师,等着听他接下来的话。

斯密慢慢讲述:"'看不见的手'首先要复归到人,无论是经济学还是伦理学,都不是自然科学,都在社会科学范畴内,都是研究人的,这只'看不见的手'首先指的就是人的常理、常情,常理意味着人在发展过程中,为社会公众所认同、接受,至少容忍的最基本的价值和经验,这种底线的常理一般都被指定为法律法规;常情是人性在正常情况下的正常反应,是具有普遍性、长期性特征的基本情感诉求和伦理要求,例如一个人在面对土豆和肉食时,一般都会选择肉食,人都是在追求更加舒适的生活,追求生理和心理上的依靠。"

"在人的常理和常情方面,这只'看不见的手'也就是人的'本能',可以分为三个方面。

"第一,自私的激情。在座的每一位请想一下,谁没有自我保护的意识?谁没有追求过自身欲望的满足?谁不希望自己有所成就?毫无疑问,每个人生来首先和主要关心的是自己;而且,因为他比任何其他人都更适合关心自己,所以他这样做是恰当和正确的。这也就是我们在上一个大问题中讲到的,没有人跟钱过不去,利己心就是操纵市场经济的一个重要因素,是动力源,前面已经说得够多了,不再赘述。"

这时候,斯密环视了一下教室,拿起粉笔说道:"诸位怕是还对'利己心'这个词耿耿于怀吧?我关注人的利己心,但是我并不否认人的很多美好而高尚的品质,第二个方面就是友好的激情。"斯密转身,在"利己心"旁边写上了"友好"一词。

"很多人认为我是贬低人性的,这是一种误解。我并不像霍布斯那样忘记或者贬低这些强大而合宜的友情。无论人们认为某人怎样自私,这个人的天赋中总是明显地存在着这样一些本性,这些本性让他关心别人的命运,把别人的命运看成是自己的事情,虽然他除了看到别人幸福而感到高兴以外,一无所得。"

张山笑了笑,斯密老师先是摆正别人对于自己市场经济观点的误解,说自己不是放任自流,现在又指出"人性自私"的错误。"这是为自己平反来了。"张山偷偷说了一句。

旁边一位同学提醒他："不是平反，许多对于斯密老师不是很了解的人都只是断章取义，许多资本家利用了老师的观点，过于自由化，其实斯密老师是非常严谨的。"

显然这是一位学经济学的同学，张山友好地笑了笑，而讲台上的老师已经开始讲第三个方面了。

"第三就是不友好的激情，比如仇恨、怨恨这样的情绪。神学家们都谴责这种不友好的激情，但是，这样的激情是需要存在的。对于不合理的、黑暗的事物，我们需要怨恨，怨恨可能是我们防卫的天性所赐予的，也正是有了这样的情绪的制约，市场经济的发展才不会陷入混乱和黑暗。"

斯密摸摸自己的头发，然后指了指自己的心脏部位，说："为什么讲到市场经济时，要解释人性呢？因为人是市场经济活动的主体，人的心理和诉求就是影响市场变化的最本质的原因。没有人的心理影响，下面要讲的'看不见的手'就不会存在。"

"最普遍的看法是，操纵市场的力量就是客观的经济规律。在市场经济体制中，每一个消费者都依据效用最大化的原则做购买的决策，而生产者依据利润最大化的原则做销售决策。两者的关系就形成了供求关系，市场就会受到供求关系的影响，通过价格的变动，引导资源向着最有效率的方面配置。这时的市场就在价格机制、供求机制和竞争机制的相互作用下，推动着生产者和消费者做出各自的决策。市场活动中，每一个人既是消费者，又是生产者，其实都是指'经济人'。经济人从道德上和经济角度选择的'为己利他'手段——等价交换。通过有规律的等价交换，市场经济就创造了社会财富，促进了社会发展，也增加了每个人的利益。"

斯密老师喝了口水，将讲义向前推了推，总结道："总的来讲，操纵市场经济的最终个体是人，动物世界就没有市场经济。每一个人都在为自己争取利益，同时又为他人谋利，无数的市场经济参与者都散发着自己的影响力，相互影响，相互制约，形成市场经济规律，凝聚成巨大的力量，操纵着我们在经济活动中看到的一切。"

完美的经济系统

斯密用粉笔压住自己的讲义，说道："最后，我们来展望一下完美的经济系统。"

对于完美的经济系统，斯密显然是非常期待的，他的脸上露出无限向往的神色，缓缓地说："事实上，完美的经济系统并不是说市场会一直处在最佳的状态，并非所有的一切都尽善尽美。而是说市场机制足够成熟，市场在发展的过程中一旦有了偏向和缺陷，它就会很快地自动修复。"

"自由的市场经济体制看似杂乱无章，实际上是一个自行调整机制，我们想要达到的完美的经济就是说这个自行调节机制能够尽善尽美，完美的自行调节机制制造并维持完美的经济，就这么简单。"

张山举起了手，斯密刚好讲到停顿处，一边伸手拿水，一边示意："年轻人，有什么疑问？"

"尊敬的斯密老师，这个自行调节机制有那么大的影响力吗？具体是怎么调节的呢？"

"很好，坐下。自动调节机制在正常运行的情况下，能够使市场自动倾向于生产社会最迫切需要的货品种类的数量。如果某种市场需要的产品——例如牛奶——供应短缺，那么市场上牛奶的价格自然上升，价格上升会使牛奶的生产商、销售商获得较高的利润，一段时间之后，很多商家看到生产牛奶可以赚更多的钱，就会纷纷转向牛奶行业，生产增加的结果会缓和原来的牛奶供应短缺。当然了，由于聚集的商家过多，就会产生各个生产商之间的竞争，供应增长会使商品的价格降到'自然价格'，即其生产成本。这样一来，牛奶的市场就是合理的。

"当然了，谁都不是有目的地通过自己的劳动来帮助社会，但是最终问题却解决了。这样的市场机制不需要太大的投入和管理，能够自我净化，自我完善。"

这时候，一个英国留学生发言了："斯密先生，现在的市场体制就是这样的，供求关系调整着市场配置，但是为什么现在的市场还不完善呢？"

"这是因为自由竞争受到阻碍，'无形的手'没有把工作做得恰到好处。"斯密没有迟疑。

"我们所看到的市场经济的缺陷主要是由两个原因造成的，其一就是政府的破坏性干预。政府的干预看上去是在维护市场秩序，其实是对市场自行调节机制的一种破坏。这样的干预几乎总要降低经济效益，最终使公众付出较高的代价。

"就像一个社会，或是一个单位，每一个成员需要足够的自由，他们才能没有束缚地发挥自己的才干，创造最多的财富，以最有效率的方式去做事情。这样的话，不仅社会或是一个小集体的利益能够最大化，每一个成员也都能够感到舒适和自由，能够将自身价值最大化。不够自由，就是现实中的市场经济不完美的一个重要原因，换一种说法，就是完美的经济首先需要自由。"

张山心想："原来不仅是社会体制，斯密老师的经济学上也提倡'自由'，经济上也讲'民主'。"斯密扫视了一下在座的同学们，仿佛是看有谁还有疑问，但是大家都沉浸在他刚才的话里面，没人提问。

斯密接着说："第二个重要的原因就是过于自由化造成的，一部分人联合起来，以主观的协议来影响自然的市场调节机制。很多时候，物价会被一部分用心险恶的人控制，他们不尊重正常的供求关系，运用垄断或是散布谣言的手段来破坏正常的市场秩序，这是极其可恶的。一旦发现这种行为，要坚决消灭。其实我不赞成同行业的人聚会，不赞成他们互相交流。你们也会了解到，同行人一旦聚会，一般不是为了讨论如何更好地提高产品质量，他们的会谈不是策划出一个对付公众的阴谋就是炮制出一个掩人耳目提高物价的计划。"

斯密显然非常痛恨这样的行为，他面部微微发红，言辞激烈。

"这就是另一种极端，过于自由化导致的市场无序，这样的阴谋显然不是自然状况下的市场调节。这就涉及政府的作用了，政府需要维护市场经济秩序的正常运行，不去干扰，并要打击其他形式的干扰者。"

斯密用手绕了一个圈，说："举个例子，这所学校就像是市场，学校不能过分限制老师和学生的求知行为，不能限制每一个成员的思想和追求，只有让所有的成员有足够的自由，整个学校才能充满活力。但是，又不能过于散漫，不能允许一些人拉帮结派，横行校园，这样就会干扰到其他成员的学习自由。"

"市场就是如此，政府不去干扰自由，但是帮助维持自由，市场的自我调节机制就能完美地发挥自己的作用，将经济调到完美的状态。"

斯密说完，就整理东西准备走人。

教室里所有人都起立鼓掌，斯密挥一下手，离开教室。

斯密老师推荐的参考书

《国富论》 亚当·斯密著。本书原名为《国民财富的性质和原因的研究》，是亚当·斯密于1776年发表的著作。书中对市场、自由经济、财富发展做出了充分论述，是现代经济学的开山之作，也是学习经济学的首选书目。

第四堂课

李嘉图老师主讲"价值"

大卫·李嘉图（David Ricardo，1772—1823）

英国经济学家，资产阶级古典政治经济学的完成者。代表作为《政治经济学及赋税原理》。在经济理论上，制定了在资产阶级眼界内所能达到的最彻底的劳动价值论，并以此为基础，说明资本主义生产关系的内部联系，指出资本主义社会阶级利益的冲突。

幸福的来源是什么

"在座的同学们,晚上好,我是大卫·李嘉图,今天由我来跟大家讨论一下关于经济学中'价值'的问题。"

张山注意到讲台上的这位英国贵族,衣着很是讲究,非常有派头。"来了一个有钱的经济学家。"张山想。

"首先,什么是'幸福'?幸福从哪里来?"这个问题一提出,教室里顿时嘈杂起来。显然,大家对幸福都有自己的看法,"快乐""有钱""自由"这些词都蹦了出来,所有人都兴致勃勃,张山也是,没想到经济学家谈起幸福来了。

王永军老师评注

经济学的最终目标是让所有参与者感觉幸福。

"请注意,"李嘉图示意大家安静,"我知道你们对于幸福都有自己的见解,但是多数人都离不开财富吧!衣、食、住、行,想要舒适,离不开社会财富的创造和积累,离开自己手里的金钱也是寸步难行。当然了,有很少一部分人追求纯粹精神上的幸福,乞丐也可以感觉自己很幸福。但是在经济学上,从大的角度来讲,我们需要关注的是'绝大多数人的最大幸福'。"

李嘉图拿起粉笔,在黑板上写下了"绝大多数人的最大幸福"几个字,然后接着讲:"在商业完全自由的制度下,每个人都必然是把自己的资本和劳动用在最有利于自己的用途上,这样一来,整个国家的资本和劳动就会集中在最有效率的事业上,个体利益的追求和幸福就很好地与整体的普遍幸福结合在一起,'幸福'是这样来的,而且就这样达到了最大化。"

"我提倡自由竞争,因为自由竞争既保证了个人利益与社会利益的结合,也为生产力的无止境发展创造了条件,自由竞争会使大多数人幸福,会使幸福最大化。我与亚当·斯密一样不赞同国家干预经济生活,我反对国家对经济生活的任何干预。

"对于每一个社会来讲,工资都是绝大多数人的幸福法则,正像所有其他契约一样,应当由市场上公平而自由的竞争决定工资,而绝不应当用立法机关的干涉加以统治。"

张山突然想到了最低工资标准,这样的政策难道是不合理的吗?这时候,一位女同学举起了手,李嘉图彬彬有礼地问:"这位同学有什么疑问?"这位女同学站起来说道:"难道政府通过政策来提高工资,不能提高社会成员的幸福感吗?工资高了,就能够做更多喜欢做的事情。"李嘉图听完后示意她坐下,然后翻开讲义。

"我先给大家举一个例子,在我投身经济学之前,英国的资产阶级与地主阶级进行经济斗争的一个焦点是《谷物法》问题。在很长一段时间里,粮食价格持续高涨,地主们看到有利可图,就开垦了许多贫瘠的土地,赚取着丰厚的利润。当然了,这是市场调节,是合理的。而后,欧洲大陆的粮食开始大量进入英国,一段时间之后,粮食价格开始下跌,这时候地主所获得的利润也减少了许多,因此地主阶级为了维护他们的利益,操纵议会通过了严格限制谷物进口的《谷物法》。"

李嘉图的神色好像在回忆自己的经历:"后来证明,这样的政府干预行为是错误的,在《谷物法》施行之后,谷物持续高价使工人生活很困难,为了维持生活,政府规定企业必须增加工人的工资,而这样的结果又使资产阶级获得的利润减少,生产的积极性骤减。"

李嘉图讲述完故事,喝了一口水,继续说:"让我们分析一下当时的三个阶级,地主阶级通过操纵议会,避免了竞争的发生,他们生产的粮食即使质量不好也依旧可以卖高价,但是他们获得的利润不是用来再生产,而是挥霍掉了,社会的财富没有高速增加;而无产阶级呢?虽然表面上工资提高了,但是物价虚高,他们能够买到的谷物实际上还没有以前多,他们的幸福感应当是下降了;再说资产阶级,地主阶级操纵议会,工人工资增加,资产阶级无法扩大自己的生产规模,社会发展停滞。无论是就整个社会而言还是就个人而言,多数人的最大幸福都遭到了破坏。"

"这个事例证明,幸福来自于自由竞争,经济活动不能受到政府干扰,即使

幸福的流程

每个人的不幸都各不相同,但是所有人的幸福都是一样的。

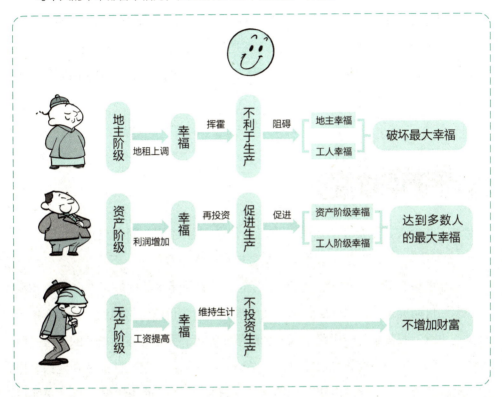

说工资是绝大多数人的幸福法则,政府强制提高工资也不能达到增加幸福感的目的。"

张山突然想到了,时代不一样,而且老师所处的是资本主义社会,必然是有差别的。在自由的市场经济中,不得不提高工资的时候,市场经济必然是已经暴露问题了。

李嘉图看到大家没什么疑问,翻了一页讲义,接着讲下去:"资产阶级的投资和工人的劳动就是幸福的最终来源。当然还有地主的土地,但是地主收取的地租完全被浪费在非生产性的消费上。地租是价值的创造,但这种价值有名无实,它不能增加社会财富。资本家就不同,他们获得的利润主要用来发展生产,增加了社会财富，增强了幸福感。利润越高，生产发展越快，物品越低廉，人们购买的东西越多，社会和人民就更富裕、更幸福。所以，资本家的富裕和工人阶级的富裕就是全社会人们的富裕。"

讲到这里，李嘉图说："幸福来源于劳动和生产，资本家投资和管理，工人劳动，自由竞争达到完美，社会和人民就是最幸福的。大家休息一下。"老师可能身体不好，说完赶紧坐下了。可是就算这样，几个同学还围着李嘉图问了一些问题，张山坐得比较靠后，没有听见。

怎样衡量价值

过了几分钟，李嘉图重新站上讲台，他说："刚才几个同学与我谈论了一下'价值的问题'，大家的意见有很多差别，现在，我来着重讲一下。"

李嘉图说："在经济学上，价值理论是个重要而迷人的领域，许多伟大的经济学家通过研究价值价格问题的本质及形成机制，为价值价格理论的发展作出了重要的贡献。我其实是个半路出家的经济学研究者，我是在接触斯密的《国民财富的性质和原因的研究》之后才对经济学研究产生浓厚兴趣的。斯密在他的著作中从分工引出交换，再从交换引出价值并明确使用了'使用价值'和'交换价值'两个概念。"李嘉图转身将这两个概念写到了黑板上。

"斯密先生提出了劳动价值论，他认为'劳动是衡量一切商品交换价值的真实尺度'，他认为商品的价值取决于这件商品的生产过程的辛苦与麻烦的程度，即生产商品所耗费的必要劳动量；同时，他又认为商品价值'等于它使他们能够购买或支配的劳动量'，或等于它所能购买到的'劳动的价值'。"

"这么说来李嘉图是师承斯密老师了。"张山心想。

李嘉图环视了一下教室，接着讲："我赞同斯密先生的观点，但是他对于价值的分析并不完善。斯密如此精确地说明了交换价值的原始源泉，他要使自己的说法前后一致，就应该认为一切物品价值的大小与他们在生产过程所投入的劳动量成比例，但他自己却又树立了一种价值标准尺度，并详细说明了各种物品价值的大小和交换时体现出来的标准尺度之间的对应关系。显然，两种比例是不一样的，前后矛盾。"

"那么，价值是怎样体现的呢？"李嘉图老师开始发问，但没人回应，显然，斯密老师被拆台了，谁还能反驳呢？张山也是有点儿郁闷，上次上课之后，心里还对斯密老师念念不忘呢。

"商品的价值，不是取决于价格，也不是取决于劳动量，而是取决于其生产所必需的相对劳动量。"李嘉图老师说。

张山的外国同学汤姆嘀咕了一句："不还是劳动量吗？"

李嘉图严肃地回答："这位同学，你太不严谨了，我说的是相对劳动量，不是劳动量。"李嘉图尽量使自己的语速变慢，强调了"相对"一词，"按照所使用的固定资本以及其耐久性的比例，按照商品在投入市场以前必须经过的时间的比例，商品价值被其生产中必要的劳动量所支配的一般原则，就有了改变。"

李嘉图老师紧接着又说："但是，我过去认为，现在仍然认为，商品内容尽管变化多端，除了生产中所需要的劳动量，任何别的原因，其影响总是轻微的。商品的相对价值同其中所凝结的相对劳动量之间存在关系，相对价值是等于相对劳动量的。商品的实际价值跟它的生产成本是一回事，而两种商品的生产的相对成本，是同各自从最初到最后阶段所投入的劳动量大体上成比例的。"

听到这里，张山举起了手，问道："那么，劳动价值是按照什么时候的劳动？许多东西，原本需要很复杂的劳动，但是现在能够批量生产，劳动价值是不是就减少了？"

李嘉图回答："完全正确。"他挥手示意张山坐下。

"劳动价值与商品价值一样，是会变化的。它不仅受始终随着社会条件的变化而变化的供求比例的影响，而且也受劳动工资所用于的食品和其他生活必需品的价格变动的影响。但是，在同一个时期内，在成年人的体力差不多相同的情况下，就可以单纯进行劳动时间的比较了，因为劳动时间是同质的。当然了，前提是劳动者是正常发挥其劳动能力的，一个人生病期间，他的劳动价值也是没有参

> **王永军老师评注**
>
> 网络游戏世界设计的经济体系中，劳动容量"明码标价"，不过现实中，想要所有的产品生产出来就有数字，显然是不可能的。

考性的。"

李嘉图翻了一页讲义，说："既然商品的价值体现在相对劳动量上，为什么我们经常用货币去衡量呢？这是因为劳动量不容易显示，假定生产货币的时间与生产谷物的时间完全相同，只要生产时所需要的始终是相同的劳动量，我就主张以货币为尺度。如果所需要的劳动量不是始终相同的，可以因所需劳动量的多少，而酌量变更尺度自身的价值。"

这时候，前排一个同学问道："照这样说，假设一种商品所投入的劳动值是1000元，而另一种商品所投入的劳动值是2000元，是不是就意味着前者价值为1000元，而后者价值为2000元呢？这似乎不是很准确，现实中商品的价格与这个相差很远。"

李嘉图没有迟疑，回答道："按照你的前提，我只能说它们之间的价值是2∶1的比例，但是我并不是说它们必然会按这种比例进行交换。交换价值，与真实价值往往不同。"

"与之相似，还有另一个问题，我在这里说明一下，那就是比较优势理论。比较优势建立在以下假设之上：一是生产要素只有劳动一种；二是劳动在一国之内是完全同质的；三是劳动在一国内可以自由流动，但在国与国之间不能流动；四是规模收益不变；五是商品和劳动市场都是完全竞争的；六是不考虑运输成本和其他交易费用。"

讲台上的李嘉图老师停顿了一阵，缓缓说道："在国际市场上，和平均劳动生产率相比较，相对较高的产品具有比较优势，而相对较低的产品则具有比较劣势。即便在每一种商品的生产上都比其他国家绝对缺乏生产率时，它依然能够通过生产和出口那些'与外国相比生产率差距相对较小'的产品而在国际分工中占有一席之地；每一种产品在生产上具有绝对高生产率的国家，也只能生产和出口'与外国相比生产率差距较大'的产品来获得分工和贸易利益。"

比较优势理论

| 英国生产1单位呢绒需要100单位劳动 | 生产1单位酒需要120单位劳动 | 多生产1单位呢绒的机会成本就是0.83单位酒 |

葡萄牙生产酒机会成本低 ⇔贸易⇔ 英国生产呢绒的机会成本低

多生产1单位呢绒的机会成本=1.125单位酒　　生产1单位酒需80单位劳动　　葡萄牙生产1单位呢绒需要90单位劳动

结论

从上图可以看出，对英国而言，多生产1单位呢绒的机会成本=0.83单位酒；对葡萄牙而言，多生产1单位呢绒的机会成本=1.125单位酒。对比机会成本，0.83<1.125，即英国生产呢绒的机会成本低，所以英国的呢绒具有比较优势。反之，葡萄牙的酒具有比较优势。

工资上涨，手头就更有钱了吗

"讨论完商品的价值，我们再来关注一下工资的问题吧！这和大家息息相关，就像上面我们所说的那瓶酒，你的工资能够允许你买陈年老酒，还是刚酿成的呢？"

同学们笑了起来，张山也跟着笑了笑，但是在感受到李嘉图老师的幽默之后，他马上就陷入了沉思："确实是这样啊，买什么样的酒，住什么样的房子，马上就能够将人的生活品质拉开档次，这些都是收入差距造成的。"

李嘉图接着说："一个社会在和平局面下，人们的工资一般都是在上涨的，这样的趋势也会使很多人认为自己的生活状态有所提高，这种看法其实不太准确。"

"首先，在一般情况下，雇员的工资都是以货币的形式发到手里的吧。例如你上个月的工资是1000元，在发工资的时候，你领到手里的一定是一沓钞票，不会是几袋子大米或是两头牛吧？货币能做什么呢？不能吃，不能穿，你之所以重视并喜欢它，就是因为工资可以为你换来你想要的物品。那么，当这1000元在一段时间之后涨到了1500元时，你究竟是不是能够享受到更好的生活，你手中能够掌握的钱财是不是增多了呢？"

不知谁在嘀咕："显而易见嘛！以前万元户都非常少，现在一个家庭要连一万元都拿不出来的话就属于特别贫困了。"

李嘉图反驳道："你还是局限于没有实际用途的货币了。事实上，表面上你每个月领取的钱变多了，账户上的存款也多了，但是你能买的东西，也就是你的实际工资可能没有增加，甚至是减少了。例如，假如你以前的1000元可以购买10袋大米，现在1500元只能购买8袋大米，你能说你变得富有了吗？"

李嘉图接着说："这只是简单的通货膨胀的问题，实际上，资本主义工资分为名义工资和实际工资，在资本主义制度下，工人的生活水平有下降的趋势。名义工资就是指资本家在一定时期内支付给工人的货币量；而实际工资是指工人用获得的货币工资所能购得的生活必需品。名义工资上涨，实际工资不一定增加。"

李嘉图在黑板上写下了"实际工资"和"名义工资"两个词，然后将讲义翻到新的一页。

"这就很明显了，真实反映雇佣工人生活水平的应该是实际工资，而不是名义工资。而平时大家所讲的工资上涨，其实是指名义工资上涨，这只是一个名义，一种假象。"

张山突然想起最近网上掀起的讨论：10年前和10年后的工资是高了还是低了，争论了很久都没有答案，这与李嘉图老师的观点不谋而合。

李嘉图接着往下讲："例如许多年前，一个工人拿到的工资可以养活一家几口人，压力也不是很大。而许多年后的一些工人，拿着之前几倍的工资，却仅仅勉强维持生计，这就是说，工人手中的闲钱减少了。工资提高了，价值在工人工资和资本家利润之间的分配变化了，资本家就会运用其他方法弥补自己利润的缺失。一般而言，资本家会通过提高商品价格的办法来补偿工资的提高。"

李嘉图喝了一口水，用粉笔一直在"名义工资"下面画横线。

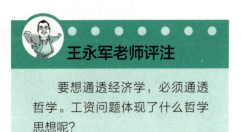

王永军老师评注

要想通透经济学，必须通透哲学。工资问题体现了什么哲学思想呢？

"这只是其中的一方面，从整个社会的经济发展角度来讲，某个行业工人工资由于国家的政策或是工人的斗争而提高了，这个行业资本家获得的利润就会降低。这是显而易见的，工资、地租和利润三者原本就是相互冲突的，这时候，资本家面临困难，他们就有两种选择。一种选择是提高商品的价格，这就会使物价上涨，工人上涨的工资反而买不到更多的物品。

"还有另一种情况，那就是由于市场竞争，资本家不能随便提高商品价格，但是他们会减少生产规模。这样一来，一部分人就会失业，同时社会财富增速减慢。而社会上用于再生产的资本显著减少，那么整个社会的生产力就会降低，生产的商品数量减少了，工人的工资反而增加了，供求不平衡，也会造成物价上涨，因此上涨的工资依旧不能为工人带来好处。

工资上涨之后

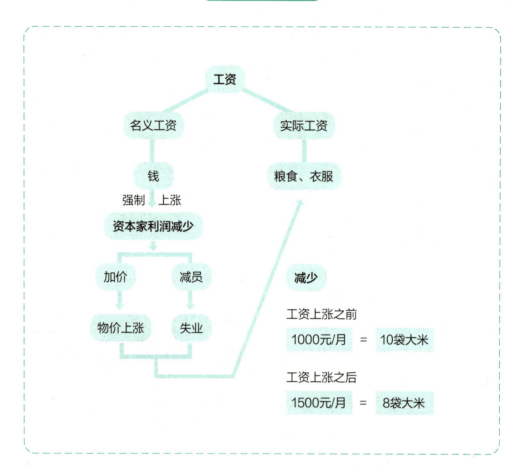

"多数情况下,这两种状况同时发生,在它们的相互作用之下,人为增加工人工资造成的结果就往往是工人手里没钱。"

一个坐在前排的同学脱口而出:"那就是说工资不能增加了?"

"当然不是,我们所说的人为的工资上涨主要是指工人斗争和政府干预的结果。如果是整个社会的生产力增加了,生产的商品数量达到了一定程度,与之对应的工人购买力上升,那就是可喜的。也就是说,工资上涨最好是在自然状态下,随着社会财富的增加而发生的。只有这样,工资上涨才会使工人手里有更多的钱。"

税收对国家有好处吗

"最后一个问题——税收。"李嘉图在黑板上写下"税收"二字后,安静地看着大家的反应。

果然,教室里顿时活跃起来,看来所有人都非常关心这个问题。

"好了,大家安静。"李嘉图提高了嗓门,"从劳动价值论出发就很容易看清税收的概念,税收与利润和工资一样,都是劳动产品价值的一部分,国家这个机构本身不参与生产,于是就通过税收来占有一部分劳动产品价值,用以维持整个政府机构的工作。在一个国家的整体收入中,税收的部分是由政府支配的。"

"提到税收,我们就不得不提到国家,毫无疑问,赋税自然是交给国家了。一国的税收总是被国民拿来讨论,征税的份额是不是合理?有的税种应不应该有?征税对于国家的富强有多大作用?那么,我们从客观角度来分析一下,税收对于一个国家有怎样的好处。"

"首先是税收的经济影响。**税收不是来自资本,就是来自收入。**因而从总体上看,税收不利于资本主义生产的发展。"这一结论一出,张山愕然。

> **王永军老师评注**
> 税收的本质是国家通过分配,享用收入。

李嘉图接着说:"如果没有赋税,资本还会增加很多。因为在一般情况下,政府所收的赋税不是落在资本上面,就是落在收入上面。这样一来,收税就是在侵占资本,资本被侵占了,用于生产的资金就会减少,而国家的生产性劳动的多寡总是取决于这笔资金的大小。如果它落在收入上面,就一定会减少积累,或迫使纳税人相应地减少以前的生活必需品和奢侈品的非生产性消费,以便把税款节省下来。显然,无论是再生产的缩小,还是国内消费的紧缩,都是阻碍经济再生产的重要原因。"

不知谁在嘀咕:"这样说来,政府是不是不应当收税?这样经济发展才会更快吗?"

"错,"李嘉图毫不客气地回答,"政府必须存在。没有政府,经济发展就失去了平台，没有人维持一个和平的自由竞争环境，没有一个安定的国家，何谈经济发展？而国家体制是需要用钱来维持的，钱从哪里来？主要就是税收，所以，税收是必要的。我们谈论的只是在保证税收的前提下，分析税收带来的影响。"

"赋税的危害在于，来自资本的赋税比来自收入的赋税对生产更有害。如果赋税落在资本上，人们原来决定用在生产性消费上的资金将会因此受到损失。税收会造成利润率下降，从而导致资本转移的倾向。而不合理的税收危害性更大，甚至会对经济造成毁灭性打击。"

李嘉图语气很强硬，看得出他非常反感不合理的国家税收。

王永军老师评注

任何税收制度不可能绝对公平，都会偏向某个阶层或利益集团。

"<u>税收的一些政策偏向会影响到经济，这是人为的因素，不符合市场经济的自由性</u>。例如，政府提高了农业税收，但是农产品的价格却需要维持在原有的水平，那么农产品的利润就会减少，从事农业生产的人积极性就会降低，资本家也就不愿意投资农业，整个国家的农业就会慢慢衰退。也就是说税收的范围要普遍，各行各业都要征税，额度也要大致与本行业形势相通，这样一来，整个经济发展才不会因为税收的影响而出现偏移。所以，政府要尽量减轻赋税对整个社会生产的不利影响，避免偏向性收税，尽量征收均等收入税和奢侈品税，这两种税收对于整个社会生产状况的危害较小。如此一来，政府既可以维持国家机构，又可以将税收对经济的不利影响降到最低。

"除了影响资金的流向之外，政府的税收还会增加商品的价格，任何加在农业经营者身上的赋税，无论是采取土地税，还是产品税，都将增加生产成本，因之也就会提高农产品的价格，每一种新税都会成为生产的一种新负担，并使自然价格提高。"

李嘉图拿起前排一个同学的钢笔，说："例如这支笔，原本凝结在其上的劳动价值以及一些中间环节，将其价格定位为10元，而生产商和经销商都被收了税，他们就会将自己交的税看成是一项成本，钢笔的价格就会凭空上涨0.5元。"

李嘉图将钢笔放在那个同学的桌子上，并说了一声："谢谢，谢谢你的10.5元的钢笔。"众人哄笑。

"这就涉及赋税的转嫁问题，在资本主义社会里，大多数的税种都是转嫁到每个社会成员身上的，高课税商品的价格就是一种主要的转嫁方式，看似税收直接由商品的销售者承担，其实是由消费者和资本家共同承担的。

"工人缴纳的工资税和必需品税，都是以减少利润的形式由资本家负担的。任何税如果有提高工资的效果，便都要靠减少利润来支付，所以工资税实际上就是利润税。最后我们总结一下。"

李嘉图合上讲义，说："税收可以维持国家的运转，这至关重要。但是有行业偏向的税收会对经济发展产生生硬的干扰，而农产品税、利润税和纯地租以外的地租税，都会通过提高商品价格的形式，将税负转嫁给消费者。所以政府应当客观分析，以一种完美的形式收税，将税种和额度控制好，既能够保证正常的国家秩序，维持经济运转，又不影响到本国经济发展。这样，税收的作用就会发挥到最大，将伤害降到最低。"

> **王永军老师评注**
>
> 税收的干扰作用是倍数关系，每提高1的税率，社会生产和消费就会缩减2。

"谢谢诸位，我的课到这里就结束了。"掌声适时响起。李嘉图老师头也不回地走出了教室。

李嘉图老师推荐的参考书

《政治经济学及赋税原理》 大卫·李嘉图著。本书是李嘉图针对《国富论》而创作的作品。他从功利主义角度出发，建立了一个以劳动价值论为基础、分配理论为核心的经济体系。读懂这部作品，能让人对经济现象拥有本质的理解。

第五堂课

穆勒老师主讲"需求"

> 思想的价值和思想的影响力是成正比的。

约翰·斯图尔特·穆勒（John Stuart Mill，1806—1873）

英国哲学家、经济学家、逻辑学家。在政治经济学上，以庸俗的生产费说代替李嘉图的劳动价值论，主张保存资本主义所有制，通过分配关系的改革，实现社会改良。其代表作为《政治经济学原理》。

经济学的终点在哪里

教室里很安静，所有人都被这个新出现的老师给打败了：秃脑袋，左右耳朵上面各有一撮头发，像个发髻似的伸向空中，从下巴以下直到地板是没有任何光泽的黑袍，全身上下唯一出神的是他的眼睛，好像两点香火，深邃无比，散发着能把人吸进去的魔力。

"大家好，我是约翰·斯图尔特·穆勒，希望能和大家一起度过一个愉快的夜晚，大家要认真听讲啊。"因为他的下嘴唇被衣服领子挡住了，学生们无法看到他的嘴巴在动，大家的反应也都很冷淡。

和其他老师一样，这些经济学大师都能看透人心，穆勒老师说："看到我的打扮和听到我不怎么响亮的名字，大家的反应很冷淡啊！经济学是透过各种复杂的经济现象观察经济本质的学问，如果你被外表所迷惑，那么你就永远不能理解经济学的真谛。就像今晚，我的衣服和我的名声影响你们对我所讲述内容的把握吗？"

说完这话，老师的眼光从教室里缓缓扫过，接触到他的眼神的学生都羞愧地低下头，张山也一样，心想："啊！老师说的话很有道理，真像哲学家说的。"

"我想问的第一个问题是，你们认为经济学研究的终点在哪里？"穆勒老师开始讲课了，"经济学界虽然有着各种各样的流派和思想，经济学家们也声称其讲授的东西是多么复杂，但是他们的共同之处就是要阐述自己关于财富是如何生产和分配的问题。也就是说，财富就是经济学研究的终点。"

"什么是财富？每个人对财富有着自己的理解和看法。在这里，我并不想过多地讲述财富的定义，那些你们从别的老师那里已经听到足够多的解释了。"穆勒老师的语调很平，典型的外国人学说中国话，但是缓慢而清楚，"今天，我想说的是从亚当·斯密先生开始的重商主义对财富的定义。"

"亚当·斯密老师是怎么解释财富的呢？"穆勒老师发问后，教室里响起了一阵翻笔记的声音。一个大叔最先站起来，回答道："财富由贵重金属和货币组成，因此有助于一个国家积累货币或贵重金属的任何事情都能增加国家财富，贵金属流出国家就会变穷。"

穆勒老师发出笑声——声音很难听，而且面无表情，说："你回答得很好，如果不翻笔记的话，说明你上课很认真。"他转过身子在黑板上写上"财富"和"货币"两个词，并且在中间画上一个大大的不等号，"我告诉你们，这种想法非常可笑，亚当·斯密的财富定义简直就是人类在儿童时代的不成熟幻想。"同学们一下子来精神了，很多人都在想："终于见到经济学家相互拆台了。"

"的确，我们在衡量一个人或者一个国家因为拥有财富而得到利益时，不是看他（它）实际消费了多少物品，而是看他（它）对普通的商品拥有多大支配权，即看他（它）在应付紧急需要或满足欲望，比如战争、疾病、车祸等方面有多大能力。而货币本身便有这种能力，特别是在文明世界，占有货币除了实际利益外，还能产生巨大的财富效应。"能听出来穆勒老师的情绪很激动，但是依然面无表情："然而，谬论终归是谬论。一旦有人问货币的真正意义是什么——或者说货币的本质是什么，以及承担着什么样的职能——人们便会想到，货币与别的商品一样，只是因为人们想占有它而已。在条件不变的情况下，200万吨谷物不能养活需要400万吨谷物所能养活的人口，但是200万元人民币却能和400万元人民币做同样规模的生意，买卖同样多的商品——货币本身升值就可以了。如果还不能理解，我再举一个简单的例子。你是不是觉得现在的100元不如五年前的100元经花呢？"

"假如政府现在发布法令，在一个月之内废除100元大钞，全部以10元钱取代，结果会怎么样？货币变少，财富不变。当然我所说的是在一个封闭的环境下，现实情况还牵涉外贸和汇率的问题，我随后会讲解。总之，货币只不过是达成消费欲望的手段，把货币等同于财富，就如同把通往你家住房或土地最便捷的道路误认为房屋和土地本身那样，是大错特错的。"

"财富不等于货币，那么财富到底是什么呢？"穆勒老师在黑板上写上"有用"和"交换"两个词，说，"每一件具有购买力的东西都是财富，但并不是所有对人来说不可缺少的东西都是财富，比如空气。可以想象一下，空气如果是一种财富的话，那么将是多么悲惨的事情。"这让张山想起上小学时学的课文《小

不同时代的财富

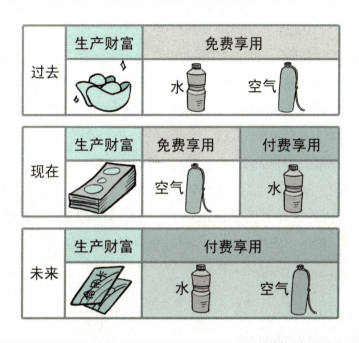

狐狸卖空气》,他有点儿走神了。

"在科幻小说家的幻想中,因为自然界的剧烈变革,或者核辐射大战,空气变得极为稀薄和珍贵,不足以满足所有人的需要,或者说某些大财阀可以独占空气,空气就将获得一个极高的价格,变成最昂贵的财富。"穆勒老师想要继续说,这时一个同学粗暴地打断说:"老师,这不对,这不是意味着社会财富增加了吗?"

穆勒老师有点儿不高兴了,不屑地盯着他说:"当人们可以无偿使用空气的时候,人们生产价值100的财富;但是当人们需要为空气付费的时候,那么除去为空气而努力的时间,人们可以生产价值80的财富,而他消费的空气本来不是财富,也就是说社会的财富变成了80。当然这个时候,大财阀拥有了更多的财富,不过代价是其他人更加贫穷。你明白了吗?"

可能是被老师的眼光和语气激怒了，或者说真不明白，这位同学继续激动地说道："那么水呢？本来人们可以随时随地喝水，可是现在需要为自来水和矿泉水付费，但是自来水和矿泉水产业的发展促进了经济发展……"穆勒老师突然叫了起来："笨蛋！不要把概念搅和在一起！"

"对不起，刚才不小心说了句骂人的话。"穆勒老师弯下腰，诚恳地道歉，那个同学赶紧说"没关系"，这一幕让张山有点儿喜欢这个真性情的老头了。"如果你不喝付费的水，其他水资源将不足以支撑你的生存，或者说全世界水资源短缺，其实是人类财富的减少。不过，对特定的人或者阶层、群体来说，占有了有价值的水，当然能从其他人身上赚取财富了。"

"换句话说，你所说的经济发展其实是你口袋里的部分财富流到矿泉水生产者和自来水厂人的口袋中了，而不是财富的增长。"穆勒老师挥了挥手强调道，"大家要记住，经济学的终点是财富增长，而不是经济发展速度，或者说GDP增长。"

工资来自哪里

"上面说到财富，接下来就是财富分配。对大部分人来说，财富分配最主要的项目就是工资。"穆勒老师又把刚才提问的学生给叫了起来，"这位同学，你一个月工资是多少？工资条上怎么写的？"

那个同学一脸无辜的样子，说："我是一个做保险销售的，大家如果需要买保险可以来找我，我的手机号是……"周边的几个同学连忙说"切入正题""别做广告了"，于是他接着说："每个月3000元底薪，提成不确定，补贴和奖金大概是1000元，每月平均收入6000元。"

"谢谢这位同学的幽默和诚实。"穆勒老师可能因为时代差距，理解错了这个同学的表现，"我在这里所说的工资，是所有的部分，包括各种项目。你有没有觉得自己工资低？有没有想过为什么别人拿高工资？想不想找到适合自己的工作？想不想涨工资？"穆勒老师的问题一个比一个响，回答"想"的声音也越来越多、越来越大，最后整个班级都沸腾了。张山也不例外，他寻思着："听穆勒老师的课还有这么大的好处？"

王永军老师评注

我想，这也是大部分人研究经济学、学习经济学的直接动力吧。

"首先，我们要明白是谁在给你发工资。"等大家静下来，老师接着说，"绝对不是老板。工资主要是由市场对劳动的需求和劳动力供给状况决定的，正如人们所说的，是由人口和资本的比例决定的，这个比例越大，每个人的工资越低；比例越小，工资越高。而且我们知道，工资其实来源于利润，也就是说你能为老板带来多少利润，那么这利润中的一部分就是你的工资。也就是说，你的工资是自己发的。"

"那么，你能获取多少利润呢？"穆勒老师发出笑声，依然面无表情，"是不是觉得没法计算呢？确实是，不过行业的利润率可以计算出来。而决定行业利润率的就是投入的多少。以最大的投入——教育为例，谁知道为什么本科生要读四年，而专科生只需要三年吗？"

穆勒老师的想法跳得太快了，大家都没有反应过来，在冷场中，穆勒老师用古怪的语调接着说："这个问题的答案其实和律师与建筑工人为什么有工资差异是一样的。十个人如果进入建筑行业，除了那些智力有问题或者身体素质实在太差的人以外，九个人可以成为合格的建筑工人。而十个人从小学时开始上学，一直到考上律师，可能只剩下一个人。那么到发工资的时候，其实是一个律师拿了其他九个失败的'律师'的工资，而九个建筑工人只能每人多领 1/9 份薪水。同时，律师的工资里面还必须包含他所接受教育的投入预期的回报。现在，假设一个建筑工人的工资能够在满足自己需求的同时，还能供养一个人上大学，做律师，那么一个律师的工资应该是一名建筑工人的多少倍呢？"

大家安静下来，都在默默地计算着，张山心想："是 10 倍还是 9 倍？"和张山一样，其他同学对自己的答案都没有信心，没有回答。

"我们来计算一下。"明显看到了冷场，老师只能继续唱自己的独角戏，在黑板上边写边说,"假设每个工人的工资为1,那么事实上每个工人每月领取1⅔,其中0.4属于工人生活消耗,0.6是他供养上大学的律师消耗。那么每个律师一个月必须领取1+(0.6×10)+9=16。考虑到其他因素影响,律师的工资是建筑工人工资的15倍左右,除去建筑工人承受更大风险所获得利润回报外,一个合格律师的工资是一个合格建筑工人工资的13倍左右。也就是说,如果建筑工人每月工资4000元,那么一个律师每月就能拿到50000元。"

张山发出"嘶"的吸气声,同时也听到其他人一样发出"嘶"的声音。

"大家不要惊讶,我说这个工资差距的意思是,如果工资过低,不要怨天尤人,这是因为选择行业的关系。"

供给和需求的最终平衡——静态社会

老师继续说:"在一段时间内,一个社会的人口是固定的,所以他们的需求也是固定的。而在这个时期内,他们的生产能力也是固定的,即所生产的东西刚好够这个人一生的需求。也许很多人从个人角度来看,觉得自己一年的努力工作是有剩余的,怎么就全部消费掉了呢?你们是不是有这种想法?"

教室里没有反应,穆勒加了一句"是不是",这才有稀稀拉拉的声音回答"是"。穆勒老师皱了皱眉,第一次表情比较郁闷地说:"人一生假设生活80年,那么一生所工作的时间不过是40年,同时在人群中一部分人没有工作能力,而且大部分的产品被人类社会内耗消耗了,比如战争、军事武器、资源浪费,这些都消耗了大量的供给。就一个人的平衡来说,综合考虑,你如果每天生活需要100元,那么至少你每天工作的价值得有300元才能获得平衡。"

"财富的增长并不是无限的,在发展的尽头就是静止状态,这个也往往被称为盛世。在我看来,盛世繁荣并不是什么好事。繁荣指的是财富的快速增长和消耗,但并不意味着财富的快速积累和良好分配。在一个静止的社会或者说繁荣的社会中,人民大众的生活虽然也许并不是绝对贫困的,但一定会是很拮据的,而且因为经济的高速增长成为一种静态，一旦经济速度变慢，在原有的财富分配制度下过着平衡生活的人们，就会一下子陷入困境。

"如果一个国家，每年的GDP增长速度保持在10%左右，这种进步状态持续多年就转变为繁荣和静态。也就是说，财富的剩余部分被某些人掌握，成为静态。如果静态平衡被打破，但是既得利益者不愿意放弃固有的财富分配制度，必然导致那些在原有财富分配制度下的中立者，或者说部分中产阶层变成社会的底层，这对整个社会和国家的发展是不利的。也就是说，社会经济发展速度越快，就意味着财富平衡越脆弱。"

有人不满意了，张山也觉得老师讲得不妥，于是举起手问："穆勒绅士，您认为社会稳定而繁荣不好吗？"

"当然不是那个意思。"穆勒老师回答说，"整体而言，静止状态要比任何其他的社会状态都好，静止状态是人类文明发展的必然阶段。我对静止状态的意见是想告诉在座的各位，任何理想的经济运行都只能是理想，经济体系就是各种脆弱的平衡不断建立和打破的过程，这个过程就是财富的重新分配，也就是说没有任何一种经济制度能让所有人满意。"

双赢是怎么来的

"我们再来聊一个其他话题。"穆勒老师转身在黑板上写上"外贸"两个字，"大家有没有想过这么一个奇怪的问题。"

穆勒老师的提问很有煽动力，大家都盯着他那张毫无表情的脸。穆勒老师说："如果A国每年生产100斤土豆，B国每年生产60斤牛肉，这时它们进行交换，每年用30斤牛肉交换50斤土豆，结果是什么？结果就是两国的百姓都很满意，他们改变了只吃牛肉或者只吃土豆的日子，可以每天都吃土豆炖牛肉，生活质量上了一个台阶。可是大家想过没有，在交换过程中，外交使者来往、牛肉和土豆运输其实本身消耗了一部分价值，再加上国王或者政府征收关税，百姓

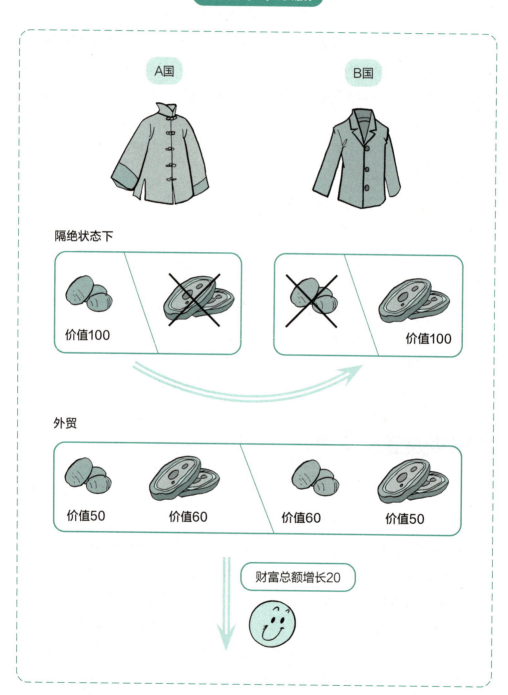

的财富其实消耗了一部分。奇怪的问题来了，为什么在吃亏的时候大家都高兴了呢？"

这个问题一出，所有的人都在冥思苦想。张山也在想："为什么呢？明明消耗了部分财富，可是国王、消费者、商人都得利了。"

看到学生在沉思，穆勒老师沉默了，几分钟后看见没有人回答，于是自顾自地说："看来大家被思想限制了，其实这个过程并不是财富消耗，而是财富增值。"

"我在阐述财富定义的时候，说过财富的第二个要点是什么，对，就是交换。60斤牛肉在A国价值100，而B国没有牛肉，那么60斤牛肉的价值在B国就变成了120，而100斤土豆在B国价值100，但是在A国价值120，等于是双方贸易，以在本国价值50（在别国价值60）的商品换到了价值60的商品（在别国价值50）。事实上经过这次外贸，双方的生产价值成了220了。当然这部分多余的20就足够外贸带来的损耗了。"穆勒老师很兴奋，在黑板上不断地写着各种数字，最后画了一个圈，"这才是外贸的本质——双赢。"

"而那些重商主义者把外贸处理成不断输入金银的捷径，其实偏离了这个本质方向。"穆勒老师拍了拍手，"希望大家以后也要牢记这一点，不仅仅是外贸，所有的经济交往必须是在给双方带来利益的情况下才能持久。"

在一阵如雷般的掌声中，穆勒先生鞠了个躬然后消失在茫茫夜色之中了。

穆勒老师推荐的参考书

《政治经济学原理》 约翰·穆勒著。穆勒在思想研究的空余时间创作了本书。书中对英国工业革命的成绩和问题做了详细的记述，也给出了相应的解决措施。

《论自由》 约翰·穆勒著。本书是自由主义精神和思想最精粹体现的专著。其中最经典的对自由的阐释是："如果，除了一个人，其他所有人都保持一致的意见，那么我们不能不让这个人说话，就像假如他掌握所有的权力，也不能不让我们开口一样。"

第六堂课

瓦尔拉斯老师主讲"边际"

想马上获利去种萝卜,想获长远利益得去种橡树!

里昂·瓦尔拉斯（Léon Walras，1834—1910）

  法国经济学家,数理学派的创始人。和其他经济学家不同,他出生于经济学世家,父亲是经济学家奥古斯特·瓦尔拉斯,不过他们的经济学观点不同,里昂在完全自由竞争社会背景下,创立了一种极为精密的数学模型,在均衡的状态下,把一切经济要素都囊括其中。这种数学计算的方法,和边际学理论、一般均衡理论一起对后世的经济学产生了巨大的影响。

为何物以稀为贵

当瓦尔拉斯走进教室的时候,同学们都有点儿兴奋了。几个女生还窃窃私语起来,说"这个老师好帅"之类的话。黑色的大胡子和棕色的头发梳得笔直,还抹上了发蜡,显得油光可鉴,特别是他眼窝深陷,一双眼睛炯炯有神,皮肤很白,在胡须映衬下,越发显得俊俏迷人。张山在想:"典型的高卢贵族脸谱,帅呆了,酷毙了!"

"大家好,我叫里昂·瓦尔拉斯。"老师走上讲台,鞠了个躬,然后直起身来微笑,接着说:"大家叫我里昂老师就可以了,也可以根据音译,叫我李老师。我今天要讲的是边际效应问题,希望大家能有所收获。当然,无论大家喜欢不喜欢,一定要认真听讲。"

"谢谢。我想各位都听过愚人吃饼的故事吧。"里昂老师很满意这种效果,微笑着说,"有个人非常饿,走到店里买煎饼吃,吃了七个饼,觉得饱了。于是他非常后悔,扇了自己几个耳光,说:'我这时候饱了,是由于吃了最后一个饼的缘故。这么看来,前面六个饼是白吃了!应该先吃这一个饼啊!'我在这里想问的是,这个故事的问题出在哪里?或者说为什么第七块饼的作用和前六块饼的作用不同?"可能是感受到同学们质疑的目光,里昂老师补充说:"也就是在经济学中,大家要搞清楚这个问题,七个人每人每天吃一块饼,和一个人一天吃七块饼有什么不同的意义。"

"上小学时,数学课上经常会出现这种应用题,一个人有十个苹果,平均分给五个人,每人能分多少个?当时,大家毫不犹豫地写上答案'二',当然不排除有些同学比较笨,写上'一'然后老师给了个零蛋。"笑话不是很好笑,但是此时从瓦尔拉斯的口中说出来却很有幽默的味道。老师接着说:"同一个道理,反思一下你的小学教育,一个人十个苹果,和五个人每人二个苹果,一样吗?"这次同学们是真的笑了,因为中国人不说"二"个苹果而说"两"个。

老师不明白,以为自己的笑话很好笑,非常满意地说:"大家安静下来,思考3分钟。然后告诉我答案。"张山也思考开来:"第一块饼和第七块饼位置调换一下可以成立，但是那第一就变成第七了，依然一下子就让人饱了。这是怎么了？一个人十个苹果吃完得撑死，而每人两个能吃得很高兴，不过这和经济学有什么关系？"

3分钟的沉默很快过去了，所有人都和张山一样迷茫，不过里昂老师也没有期待同学们的答案，接着说："在回答这几个问题前，我们先接受一下这两个概念，稀缺性和边际。"他转过身在黑板上写上这两个词，转过来接着说："中国有句俗语——物以稀为贵。大家会觉得稀缺的才珍贵，珍贵的必然稀缺，而一些日常所见到的就不稀缺了。这种理解是有偏差的，任何财富或者说商品都是稀缺的。"

"商品的关键点有两个——价值和使用价值，也就是有用和交换。而这两个条件就告诉我们，商品不是无条件存在的，当然也不可能无限制地满足人们的需求。也许有人认为，假如某种商品能够被生产出来，能满足全人类的需求时，它的稀缺性就会消失，事实真是如此吗？大家认为，这个世界上哪里最饥饿？"里昂老师问道。

"非洲。"这次很齐，所有人都异口同声地回答。

"对，就是非洲。"里昂老师很满意课堂的气氛，伸手摸了摸自己的胡子，"非洲陷入饥荒，可这是因为世界上每年的粮食不足以养活全球人口吗？粮食这种商品，在充足的条件下，依然表现出稀缺性。这里和国家无关，因为我们知道，粮食在国际市场上还没有禁止出口这一说。"

"商品有着相通的价值，也就是价值的共同属性，因此商品之间可以交换，如果生产的商品总量不能满足所有人的需求，那么某一种商品的充足就不能改变稀缺性的本质。非洲饥荒的原因就是很多粮食制成了其他精美的食品，或者说换成别的商品，粮食价格太高，结果非洲人民无力购买。"里昂老师在"稀缺性"旁边画了一个向上的箭头，正要说话，张山站起来说："李老师，如果生产力高度发达，商品按需分配，是不是意味着稀缺性就消失了呢？"

里昂老师说："大家都住小茅屋的时候，预想100年后的生产力能满足所有人住茅屋的愿望，而100年后，人们发现生产力还是低下，因为这时候很多人

物品永远稀缺

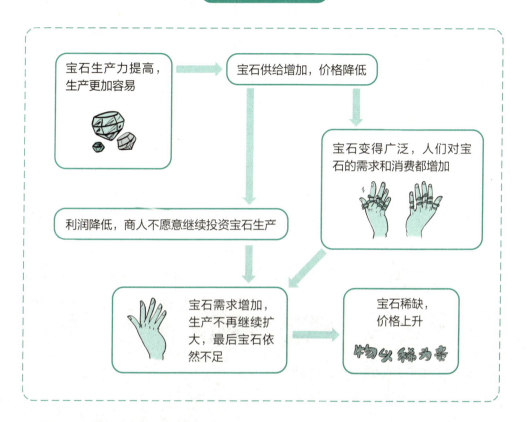

王永军老师评注

哲学上说："欲望是人类进步的动力。"在经济学上，这句话则阐述为"利益是经济发展的动力"。

住上了水泥房子，茅屋早就落后了，而茅屋这种商品都逐渐被淘汰了。稀缺性转变到水泥、钢筋上去了。"

"人类的生产力发展和人类欲望也即需求扩大是同步的，这告诉我们按需分配的情形几乎不可能在经济学上成立。"

里昂老师很激动，温文尔雅消失了，"通过稀缺性，我们可以回答苹果的问题。一个人十个苹果，他就满足了，那么接下来的生产过程就不是苹果，而是更高级的过程，比如苹果汁，或者拿苹果去换金子，而五个人每人两个就不能得到满足，所以接下来还是生产苹果。"

边际效应递减规律

"刚才我们理解了稀缺性，接下来就来聊聊边际效应。"里昂老师又摸了摸自己的胡子，把粉笔灰抹到了自己的胡子上，让黑胡子上有了几点白。他接着说，"刚才的故事里，那个人吃第一块饼的时候，肚子很饿，如果不吃他就可能饿死，而只吃前六块饼，就吃不饱，如果不吃第七块饼有可能不饱，从而觉得这顿饭白吃了。"

"每一块饼除了食物本身满足人的需求的作用外，第一块饼可以救命，第七块饼可以让人心理满足、生理舒适，这是它们的附加价值，称作边际效应。"

"每一件商品，每个单位在满足人们的需求时，带来的满足程度是递减的，这就是边际效应递减规律。"里昂老师意识到胡子上的白灰了，拍了拍，接着说，"你给你的女友第一次买一枝花，她比较高兴，但是第二次再买一枝她就不是

边际效应变动图

追加资本先产生更多的边际效应，接着减少。

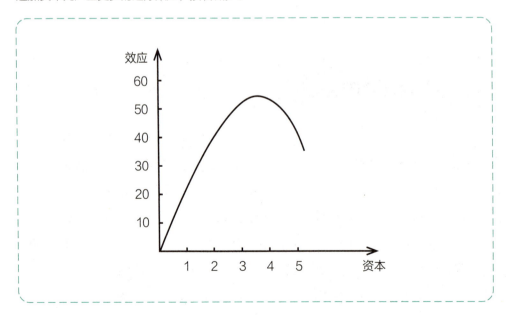

那么满意了,如果第三次你还是买一枝花,她可能就会生气了。同样是一枝花,但是因为商品单位量的累积,带给女友的满意程度越来越低,这就是边际效应递减。"

王永军老师评注

从经济学上来说,喜新厌旧是合理的。

"老师,您说这个边际效应对经济学有什么意义吗?好像只是一种现象啊?"一个女生坐着问道。

里昂·瓦尔拉斯并没有因为她的失礼而不满,依然带着笑容说:"我接下来就要讲它的应用问题。先说个人,其实很多人在上小学时就不经意间使用到这种原理。小学时候,或者是上学期间,各位最害怕的是什么?"

"考试。"又是一次异口同声。

"对,可能大部分学生都怕家长看试卷。好学生也不例外,每一次都是双百的话,双百这种'商品'对家长就没有冲击力,家长觉得这种'享受'是天经地义的,如果某一天没有这种享受,那么他们就不满意了。所以有一些特别机灵的小孩,在刚开学考试的时候,考一个低分,家长会自动地为他寻找理由,比如'新学期不适应',然后这个小孩每次考高一点,每次都供给新'商品',带给家长'满意'。这可谓边际效应的高层次应用了。"

一般均衡理论

里昂老师清了清嗓子,说:"在物理学上,研究速度等现象时总是假设某些条件,然后得出结论,我们在经济学上其实也可以如此。"

"现在我们假设每个市场的参与者都能对整个市场有清醒的认识;整个社会不会出现特殊现象,也不会因为预防这些特殊现象,致使一些市场参与者储藏货币;假定市场上不存在虚假交易,所有交换的进行全部都是在拍卖形式下进行的;假定这个市场或者说经济系统足够大,有足够的人参与,能够消费掉所有的商品。那么这个市场中会发生什么呢?"里昂老师问道。一阵沉默后,那个学经济的、喜欢回答问题的学生站起来说:"老师,您说的这些条件太苛刻了,根本不可能。"

"物理学上假设一个质点怎样怎样,难道真的有这种质点存在吗?"里昂老师反驳道,"而且我还强调了这是假设。当然我并没有想大家能回答这个问题。如果你能在几分钟内给出这个问题的答案,那你就是天才的经济学家,我就坐在下面听你讲课了。"老师的话引起一阵哄笑,那个"专业"的同学也不好意思地坐了下来。

王永军老师评注

虽然各个经济学流派、经济学家的观点不同,但是一个成熟的经济学思想、体系,必然有对自己理想中经济发展的猜想。

"在我设定的理想市场状态下,最后的结果就是市场发展到均衡状态。"他边写边说,"一般均衡。这就是在稀缺性和边际效应的共同作用下,理想市场能发展出来的最终状态,或者说<u>经济体系的理想模式</u>。"

"假设整个社会共有 n 种产品,划分为 n 个市场,那么社会消费品的总供给量就是 n^2,当然整个社会人们消费产品的总量也恰好是 n^2。不过这种总体上的平衡并不是某个行业或者说某个市场上的平衡,而是说如果一个人没有足够的苹果吃,他可以多吃点儿饼来满足自己的需求。但是对他来说,饼吃得多,边际效应递减了,所以价格下降,而苹果因为不够,所以价格上涨,然后产生交换。经济活动中,让所有参加者的饼的边际效应在别人那里得到最大化的体现,那么每个人就同样能获得适合自己的苹果。

"商品的稀缺性随着其需求量的增加而递减,并且与交换商品时所能够支付的价格成正比。而一个消费者在进行交换时,会尽量使他的每一元货币所能购买到的每一种商品的作用发挥到极致。

"在这个均衡状态下,所有的都是自由的,商品因为稀缺性得到最大程度的利用,消费者让自己的资金也得到最大程度的利用,生产者所生产的商品全部得到销售,所获得的资金让他们足够进行消费和再生产,而商品也会最大限度地被利用，也就是商业运行本身会消耗最小，而利润最大。"

"这就是一般均衡。"瓦尔拉斯老师巡视着整个教室，"当然，这只是经济学的猜想，因为永远没有可能达到这种状态。"

这让学生们很是纳闷，老师的例子很古怪，不过考虑到他的生活年代也就算了，而想说明的意思更加奇怪。张山心想："既然大家都认为可以，为什么还不能实现？"

瓦尔拉斯老师看出了同学们的困惑，接着说："请注意我一开始说的一般均衡的前提。走在北京街头，你能看见有卖羊肉串的，难道你能指望这个小贩知道远在美国的羊肉价格吗？"

"信息，请记住，信息。信息越是畅通，整个经济运行越接近一般均衡。"老师在黑板上写上"信息"两个字。

有没有不懂数学的经济学家

"一个人如果每天喝500克酒，在数量上等于两个人每天各喝250克，也相当于四个人每天各喝125克；一个女人假如每年穿坏六双鞋，等于两个女人每年各自穿坏三双——前提是所有的女人都穿同一种鞋，当然那是不可能的；一个人一年365天生病，每天都要让医生给放血，等于365个人每年都只去一趟医院放血。"老师说得非常快，好像在念咒语一样。

"请问各位，在我刚才说的一段话中，大家感受最深的是什么？"老师问道。同学们纷纷回答"数字"，当然也有人回答"女人和鞋子"——这再次在教室中引发了一阵哄笑声。

老师笑着说："对，就是数字，或者说数学。接触经济学，特别是深入接触经济学后，大家感触最深的估计就是<u>经济学离不开数学。或者说数学已经占领</u>

> **王永军老师评注**
>
> 哲学是一切学科的总结，数学是一切学科的基础。

了经济学的阵地，就像它占领物理学、化学和生物学的阵地一样。然而，经济学真的离不开数学，或者说冷冰冰的数字真的能取代经济学吗？"

大部分同学没有搞懂老师怎么会提出这样的问题，老师只好自己解释："一个人每天喝一斤酒，真的和两个人每天各喝半斤酒一样吗？"

这下明白了，大家异口同声地回答："不一样。"老师刚讲过了，这是边际效应问题。

"是的。"老师对同学们的反应很满意，笑着说，"一人喝半斤酒，一点儿事都没有，但是他要是喝了一斤酒，就有可能被他的妻子用鞋子打，当然他的妻子还可能因此每年多穿坏一双鞋子。如果还手或者他每天这样，那么这对夫妻可能会因为外伤上医院，或者这个男人每年去医院一次。"

同学们先是一愣，然后全部笑起来。张山心想："这个老师帅气又幽默，真是个'万人迷'啊。"

"不过，以上都不是重点。"瓦尔拉斯变得严肃起来，继续说道，"我要讲的最后一个问题就是数学和经济学的关系，或者说，是否存在不懂数学的经济学家。"

全班同学沉默，但是都在琢磨，肯定没有。

"经济学离不开数据的分析，因此经济学家往往都是数学家，特别是经济学发展到现代，那些专门的经济现象分析没有一定的数学基础是根本看不懂的。比如，从19世纪逐渐兴起的选择权交易，就是一种为避免汇率变化带来的风险等而开发出来的交易方式，为计算权利金，必然应用到随机微积分方程这种高难度的数学知识。生活中的经济问题，也必须具有足够的数学知识，比如炒股，就必须研究满是数据、曲线的股价波动图表。"

"这种现象当然没有错，数学是一切学科的基础。"瓦尔拉斯老师接着说，"然而，一个不拿着计算器就不会计算菜钱的老太太，并不妨碍她在市场上挑选出最新鲜、最便宜的菜，但如果你让经济学家去菜市场，他们也许会吵得晕头转向然后被人背着出来。"

"当然，有人会觉得我举的例子不大可靠，或者说太夸张。我不否认这一点。"瓦尔拉斯老师转身在黑板上写上"股票"两个字，解释说，"擅长数学分析的经济学家提到股票市场模型时，能头头是道，但是如果让他们去炒股呢？"

"我们都知道，物理学家牛顿也是一个著名的经济学家，通过微积分理论对经济学有着很大的建树。他曾经购买过英国南海公司的股票，先赚后赔，总共亏了20000多英镑。牛顿曾做过英格兰皇家造币厂厂长的高薪职位，年薪也不过2000英镑。这次投资行为，让他赔上了十年的工资。"当老师提到牛顿的时候，张山发现班里的一些人耳朵都竖起来了。

"牛顿最后只能自嘲，我算得出遥远的星空，却无法计算人们的疯狂。"瓦尔拉斯老师说到这里，突然有同学问道："老师，您炒过股没有？"

瓦尔拉斯老师没有回答——这让张山恶意地猜测，可能"瓦"老师也在股票市场上赔钱了，瓦尔拉斯接着说："世界上最难以估计的就是人们的欲望，也就是对消费的渴望和对劳动的惰性，根本是无法计算的。而经济学恰好离不开对人性的把握。"

"总之，数学是经济学的基础，但是并不能取代经济学，恰恰是经济学无法估计的部分才是经济学最有活力和精髓的部分。"老师一边拍打着自己的手掌，一边说："课要讲完了，和大家相处得很愉快。最后说一句，只要你对经济学有着不懈的追求，对人性和经济学课题有着足够的敏感性，你也会成为经济学家。"

老师向外走去，教室里发出雷鸣般的掌声——特别是那些数学学得不好的同学，更是情绪激动。张山也是一个"数学盲"，所以拼命地将掌声送给这个给"人间"以希望的老师，直到手掌都拍红了才停下来。

瓦尔拉斯老师推荐的参考书

《纯粹政治经济学要义》 里昂·瓦尔拉斯著。本书中瓦尔拉斯在假设完全自由竞争制度下，认为价格存在是因为商品具有数量有限和有用的自然条件，对价格的意义有着深刻的解释。

第七堂课

马歇尔老师主讲"二元论"

> 资本大部分是由知识和组织构成的……知识是我们最有力的生产力。

阿尔弗雷德·马歇尔（Alfred Marshall，1842—1924）

英国经济学家，剑桥学派的创始人。长期任剑桥大学教授。把数理的方法用于经济学研究。在20世纪30年代以前一直居于经济学领域中的支配和主导地位。其著作有《经济学原理》《产业与贸易》《货币、信用与商业》等。

两条腿行走的经济世界

"大家晚上好,我是阿尔弗雷德·马歇尔,今晚我要讲的内容是关于经济学的'二元论'。"

张山注意到,讲台上的老师留着八字胡,神情有些疲倦,但是双眼很有神采。

马歇尔打开讲义说:"二元论最本质的原理就是供求均衡原理,经济世界不是金鸡独立的,经济世界之所以能够健康发展,并推动世界向前发展,就是得益于这样的两条腿行走。供求均衡,可以使整个经济世界的两条腿一样粗细,保持体系的健康。"

 王永军老师评注

中国传统的"国富"是封建治世所说的"府库充盈",而现代经济学定义的"国富"是供需平衡,"府库"不堆积财物,也不缺少财物。

"商品的价值受很多因素的影响,但是,在市场环境中,假如在其他条件不变的情况下,价值是由该商品的需求状况和供给状况决定的。明白了这一点,我们就可以用商品的均衡价格去衡量商品的价值了。那么什么是均衡价格呢?所谓均衡价格,就是一种商品的需求价格和供给价格相一致时的价格。"

张山想起来了亚当·斯密老师和李嘉图老师的理论,有效劳动量不是衡量商品价值的因素吗?怎么变成供求状况了?许多人也在窃窃私语。

马歇尔仿佛看出来了大家的不解,补充道:"凝结在一件商品上的劳动也是一个因素,但是到了市场上,商品的价格就不得不受到供求关系的影响了。大家都知道,买卖双方总是有利益冲突的,对于一件商品,需求价格是买方对一定数量的商品所愿意支付的价格,这是由该商品的边际效应所决定的;供给价格是由卖方提供一定数量商品所愿意接受的价格,这是由边际真实生产费用所决定的。想要完成交易,双方必须达成共识,达到一种互相利益均衡的状态。"

"举个简单的例子,你到一家鞋店买鞋。经过观察,你对其中一双鞋的款式和质量都比较满意，打算买下它。你的心理预期是200元，你希望可以用200元的价格买下这双鞋。当然了，鞋的价格不是由你说了算的，还要看店主的意思。店主希望这双鞋可以卖到300元，只有这样，他才会觉得自己得到了比较满意的利润。"

"这不是砍价吗？"张山心想。

马歇尔接着讲："最后，双方如果都不愿意让步，那么交易不会完成，鞋还是店主的。只有双方都觉得满意了，鞋才会以双方共同协商后的价格卖出。当然了，这只是普通的讨价还价，这样的小宗交易容易受到很多因素的影响。我们所讲的供求均衡是指以此为模板，在整个市场交易中能够达到的稳定状态。这其实

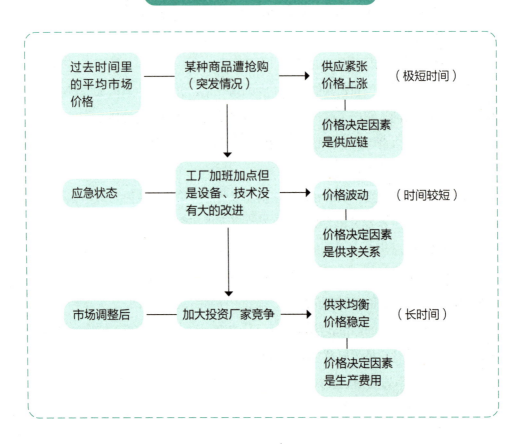

是一种扩大了规模的讨价还价，参与者变成了某类商品的所有需求者和供给者，最后通过多数人认可的价格反映了这种商品的价值。"

张山明白了，这确实与讨价还价有关，不过上升到了整个市场的层面，若是论供求关系，也确实可以通过小买卖看出来。张山想起来校门口的小吃店，每天早上吃早餐的人排很长的队，涨价也就不足为奇了。

马歇尔拿起粉笔，一边讲一边在黑板上写道："供求关系与时间有关，我们分三种情况介绍。"

写完之后，马歇尔接着讲："第一种情况是极短时的市场价格，时间短暂到无法改变供给量，价格主要取决于需求状况，即市场现存商品量的边际效应。这种情况出现时，商品的价格往往会有较大的波动，通常不是很合理。"

"第二种情况是短时期的均衡价格，即在现存的技术设备和工业组织的基础上伸缩产量，而没有足够时间去增加设备、改进技术和组织以适应需求的变动。这时，均衡价格取决于边际效应和边际生产费用。这种情况是一种应急状态，不会持续太久，但是会造成价格的波动。"

"最后一种情况就是时间比较长的供求均衡了，市场经过很长时间的反应滞后，资本家都注意到了这个行业或是这种产品，就会投入资本。然后慢慢地，这方面的生产技术、生产设备和生产组织都有了很大的改进，成本有所降低。再加上资本家之间存在竞争，时间一长，商品的价格就会回落，成为一种平衡的状态。"

马歇尔一口气讲了这么多，终于停顿下来，喝了一口水。

看着大家疑惑不解的表情，马歇尔恍然大悟地说："举个例子吧，一种成本价为10元的商品，算上运送以及销售商的利润，本应定价为15元。结果由于这种商品投入使用后，效果非常好，又得到了名人的宣传，多数人都希望可以买到这种商品，这时候第一批生产出来的商品就会严重供不应求，销售商一看有利可图，就会把价格升至20元，甚至是30元。这时候，供求关系就在价格波动上占到了主要的地位。"

"一段时间之后，厂家就会加班加点，增加生产，市面上的这种商品多了，价格自然会有所下降，但是不会下降太多，因为增产所付出的劳动是很可观的。这时候，边际效应和边际生产费用对于这类商品价格的影响就差不多。

"有钱可赚，那么很多资本家都会投资生产这种商品，并且生产工艺也会有所提高，这时候，供求关系已经不紧张了。慢慢地，经过市场竞争，供求关系会均衡，商品的价格很可能定在15元左右，而此时决定商品价格的主导因素就是生产费用。"

为什么商品都有价格弹性

"讲到了供求关系，我们接下来就探讨一下商品的价格与其需求量的关系，也就是价格弹性。价格弹性是指需求量对价格的弹性，即某一产品价格变动时，该种产品需求量相应变动的灵敏度。"

马歇尔笑了笑说："我们都有过这样的经验，价格弹性影响着每个人的经济生活。例如你平时要喝茶，茶就是经常需要的，而且你也可以小量购买。我们假设你经常买的那一种品质的茶每磅2先令。你每年会出10先令用于买茶，对于你来讲，即使这样的量不能让你完全满足，你也许由于收入有限而不能买更多的茶。如果这种茶涨价了，你就会迫于经济压力而减少自己的需求量，终年不喝茶，或是去买另一种更加廉价的茶，这样一来，价格就造成了需求的变化。"

在马歇尔停顿的空当，张山问道："马歇尔老师，那么假如这种茶降价了很多，这个人是不是会大量买进呢？"

马歇尔摇摇头说："如果是资本家的话，可能会这样做。但是我们所讲的需求是指真实的消耗，价格对于需求的影响也是有限的，作为一个普通的消费者，需求量是有上限的。例如即使一个人能不花代价而得到任何数量的茶，他也许一年之中最多也只能耗用30磅的茶。"

"我们来总结一下，一个人所拥有的商品的数量越大，假定其他情况不变（即货币购买力和他支配下的货币数量不变），则他对占有此物稍多一点所愿付出的价格就越小,只有当他愿意出的价格达到别人愿意出售的价格时,他的需求才是有效的。"

马歇尔翻了一页讲义,看到大家还是很不理解的样子,就举了一个例子:"假设你的年收入是1000英镑,而一架私人飞机的一般售价是100万英镑,你非常喜欢飞机,有需求,但是很明显,你的需求无效。"

众人哄笑,张山嘀咕着:"1000年不吃不喝,才可以买到,自然无效,这样的话,有效的需求顶多也就是飞机票了。"

"另外,由于牵涉到价格,这样的需求弹性对穷人比对富人要有更大的效用。例如有两个雇员,一个一年收入1000英镑,另一个一年收入3000英镑,两个人距离公司的远近差不多,一旦下雨,后者就会乘车去公司,而前者即使雨下得

产品价格变动,该种产品需求量相应变动

需求有弹性,会根据价格自我调节大小。

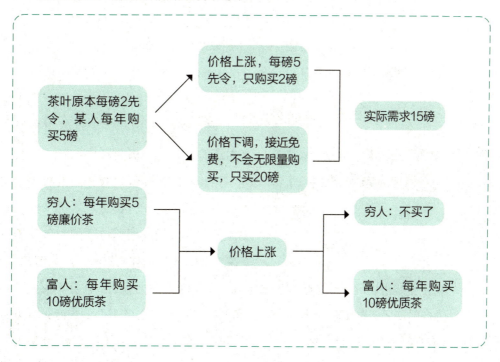

再大仍是步行去上班。而汽油价格上涨,对中产阶层来说,影响更大,对那些真正的富翁则没有任何意义。"

张山想:"这就是了,穷人到饭店吃饭或者到商场买衣服的时候,即使非常喜欢,也会先看价格,然后再决定买不买,需求受价格的影响是非常大的;而富人遇到喜欢的东西一般都会买,很多时候只考虑想不想要,不需要去权衡再三。假设物价上涨了,穷人和中产阶级必然要勒紧裤腰带,而富人的生活则不会有什么大的变化。"

马歇尔转过身,在张山发愣的时候,他已经将几个关键词写到了黑板上,然后将粉笔扔在桌子上。

"由此我们可以看出,富有或是贫穷,对价格弹性的影响是很大的。一个人越是富有,货币的边际效应对他就越小;他的资产每有增加,他对任何一定的利益所愿付的价格就随之增加。同样地,他的资产每有减少,货币对他的边际效应就随之增大,他对任何利益所愿付的价格也就随之减少。"

马歇尔环视了一下教室,接着讲道:"刚才为了便于大家理解,我们讲的不过是单独一个人的需求。现在我们扩大到整个市场,还是以茶叶为例。"

"不好意思,我一直以茶叶为例,是因为我今天来就带了一些。"马歇尔从讲台一侧拿出一些茶叶,用开水冲好。教室里顿时弥漫着茶香,同学们不住发笑,马歇尔老师真是实干家。

"像茶叶这种商品,**虽然不是每个人生活的必需品**,但是需求广泛,可买可不买,所以在体现需求方面很有代表性。茶叶可有可无,数量可多可少的性质,导致了人们会根据自己的收入状况来决定购买量。类似茶叶一样的商品,

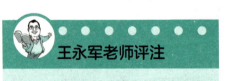

王永军老师评注

对游牧民族来说,茶是生活必需品。

需求量就会受到市场价格的影响。价格上涨了,很多手头拮据的人就会不买或是少买,价格下降了,他们就会多买一点。但是,不是所有日常需要的东西,其需求都会随着价格的变动而变化,有的东西即使价格降低了,人们也不会大量去

买,因为要太多没有用,例如手表。当然了,商人趁着低价大量买进,则不属于消费。"

马歇尔喝了一口茶,露出非常满足的表情。不过张山听了之前的讲解之后,明白马歇尔以茶叶为例不单单是喜欢,而是茶叶的需求很普遍却又非必需。那么,商品的自身性质应该也对价格弹性有很大影响吧,张山心想。

"很多原因会影响商品的价格弹性,其中重要的一方面就是商品的需求性质。"果然,马歇尔似乎看穿了张山的心思,"有很多必需品的情况就是例外,例如大米,无论价格降低还是升高,人们的需求量大致都是得以饱餐就行,所以价格弹性并不是很大。事实上,粮食类的商品,种植面积不会在短时间内有大的改变,即使收成不好,价格有所上扬,也不会过于离谱。而即使粮食的生产量过多,价格也不会下降得太多,毕竟需求量在那里摆着,每个人每天都需要消耗的。"

"当然了,同样是食品,很多肉、蛋、奶一类极容易变质的食物,即使需求量很大,也会在短时间之内产生很大的价格波动。例如鱼肉,新鲜的时候较贵,但是如果在短时间内卖不出去,腐烂之前就会以极低的价格甩卖。

"这样一来,人们就会有计划地按照收入多少来确定该买什么,不该买什么,而不是完全按照意愿。这也是价格弹性的本质原因。"

知识为什么能改变命运

"刚才我们提到了价格弹性在于穷人和富人中间的差别,既然引出了穷人和富人,我们就谈一谈这个问题。穷人之所以穷,富人之所以富,取决于很多原因,比如机遇、能力、观念等,我们现在主要讲一下如何改变的问题。"

"怎样脱贫致富呢?"马歇尔拿着粉笔,期待地望着大家。

教室里气氛变得非常活跃,众说纷纭,有人在讲国家经济政策,有人在讲减税等。

"好了，大家停一下。"马歇尔宣布讨论时间到，"每一个不完全成熟的社会，特别是市场经济的竞争体制之下，都会有很多穷人。当然了，谁都想过上富足的生活，那么大家刚才所说的经济政策、税赋等有赖于别人，相当于是把自己的命运交给别人，而且解决不了根本问题。其实，对于穷人来讲，能改变自己命运的只有自己，通过什么改变呢？通过知识，知识改变命运。"

马歇尔将这句话写在黑板上。

"对于一个贫穷的工人家庭而言，想要改变世世代代贫穷的面貌，最有效的方法就是下一代的教育，能够使下一代有了知识，他们就能够在机会出现时牢牢抓住，进而改善生活，改变命运。

"在20世纪初的欧洲，单纯的手工技能与一般智力劳动相比，已经没有了优势。事实上，今天，这一状况更加明显。今后我们要考虑发展人口的工业效率所需要的训练，这样的训练其实就是教育，就是传授技能和知识。"

马歇尔喝了一口茶，接着讲："任何工作，任何事业，都是需要技术的。即使我们认为最简单的工作，不同的人做出来也是有差别的。效率较高的人自然更受欢迎，报酬也会更多。另外，对于需要技能的工作，需要孜孜不倦的精神，也需要经过长期的训练。"

"拥有卓越的技能和高深的知识的人非常少，但是他们所拥有的财富非常可观。我们都知道，在很多时期，国家的大部分财富都掌握在少数人的手中。这是为什么呢？因为少数人往往具备某种素质，他们能够很好地完成某项工作，或是发现某一个行业的空白，并抓住机遇，然后成为占有较多财富的人。在很多行业中，有的人做得有声有色，有的人却做得一塌糊涂。在这样的差别之下，做事有声有色的人自然能够获得更多的财富。"

张山对于这样的差别还是非常了解的，他在假期的实习中就感受到了，即使很简单的一个操作，熟练的、优秀的员工能够做得非常到位，让人很舒服。

"这就是富人和穷人最大的差别之一。"马歇尔态度非常严肃，"很多人抱怨世道不公，贫富差距太大，但又不愿意提高自己的能力。假如一件产品的同一道程序，你做出来需要耗费一个小时，而另一个人十分钟就能做得又快又好，你们

穷人通过知识改变命运

教育对社会板结的作用,往往需要几代人的努力。

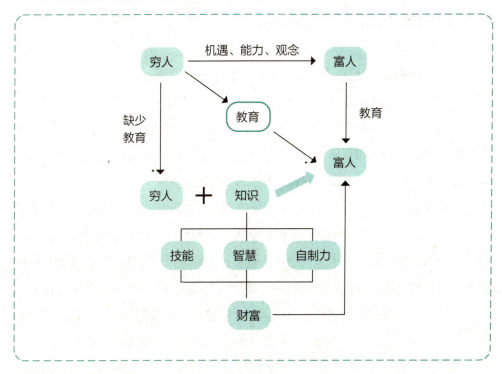

要是获得同样的报酬,那才不公平呢!"

不知道谁嘀咕了一句:"做久了不就熟练了吗?"

马歇尔回答道:"我们所讲的是知识,不是熟练度。熟练度只是一个简单的东西,知识包括很多,即使有的人说一个富豪并没有什么理论知识,靠着机遇,成为暴发户,他也是有知识的。他能够抓住机遇并创业成功,这样的眼光和胆略,以及掌管企业的能力都是一种智慧,都是知识。"

马歇尔看了看讲义,在黑板上写下了"知识"一词,然后说:"我解释一下能够改变命运的'知识'的含义。"

"有知识的人,在工作或是创业时,能一下子记住许多事情,需要什么东西时就准备好什么东西,工作中有了什么差错都能及时发现并纠正,工作有了变化，他们也会快速适应，然后迅速做得很好。这些特性会使他们很受欢迎，做起事来得心应手，因为有了这些优秀的素质，他们就能够创造财富，并改变自己的命运。

"既然知道了知识可以改变穷人的命运，那么就要付之于行动，增长知识主要就是靠教育。"

马歇尔抬头看看大家，说道："就像我们的经济学课，参与的人一定可以学到一些知识，你们获得的就是能改变自己命运的东西。"

"当然了，学校并不是唯一传授知识的地方，上课也不是唯一的手段。一个人的能力主要由幼年和少年时代的环境而定。人在青少年时期，与父母相处的时间是最长的，所以这个时期，父母的教育非常重要，对一个人的能力起着基础作用。随着孩子年龄的增大，能够影响他们的除了学校教育之外，就是他们周围的环境了。富裕阶层的孩子能接受良好的教育，因此所掌握的知识会比技术工人的孩子多一点。同样地，技术工人的孩子就会比不熟练的劳动者的孩子所掌握的知识多。由于教育需要投入大量的财力，贫穷人家的孩子在只学习了最基础的知识之后就辍学了。这使他们拥有的知识远远低于家庭情况较好的孩子，因而，他们会像自己的父辈那样，继续被富裕阶层压制，贫富差距就会持续扩大。

"所以，我们需要真正高级的普通教育，激发出每个人最好的才能，使社会发展得更加健康快速。我们也呼吁穷人们，让孩子接受足够的教育，掌握改变自己命运的最好武器。"

众人开始鼓掌，马歇尔挥挥手说："我的课到此结束，希望能让大家对经济市场加深了解，努力补充你们的知识吧，要跟得上市场经济的两条腿。"说完，他走出了教室。

马歇尔老师推荐的参考书

《经济学原理》 阿尔弗雷德·马歇尔著。本书是和《国富论》齐名的经典作品。它颠覆了古典经济学的内容，强调个人效用在经济学中的作用，是现代经济学的基础。

第八堂课

李斯特老师主讲"保护"

> 生产财富的过程远比财富本身重要!

弗里德里希·李斯特(Friedrich List,1789—1846)

德国经济学家,历史学派主要先驱,保护贸易论倡导人。杜宾根大学教授。主张关税同盟和德意志统一。反对英国古典政治经济学,提出国民经济学,采用历史方法论证国民经济的发展。

国家利益高于一切

"大家好,我叫李斯特,不过我不会弹钢琴。而且我是一个德意志人。"一个脖子上系着整整齐齐的领结,前半个脑袋上秃着,而后半部分的头发直愣愣地支着的老头走进来说道。

老师一上来就和大家开了一个小玩笑,不过老师这个动作完全没必要——因为他的形象其实比话语更加可笑。坐在张山附近的那个经济学"专家"又开始卖弄了:"李斯特,重商主义经济学家,主要观点被称为幼稚产业保护理论,强调国家在贸易保护中的重要作用。"

"我作为一个德意志人,生活在一个错误的时代,因为那时的德意志和现在的德国不是同一个概念,那时的德意志被大大小小的诸侯割据着。所以我设想的是理想中的国家和政府。"

国家利益的构成

贸易自由
让国民获得更多的消费

国家利益
满足或能够满足国家以生存发展为基础的各方面需要

贸易保护
通过保护某个产业,维护国民利益

- 国家利益不等同于被统治者利益,也不等同于统治者利益,它属于全体国民
- 国家利益和公共利益不同,公共利益大部分时候都不以国民共同分享的形式出现,国家利益和公共利益经常会有矛盾冲突
- 国家利益维护的是整体国民利益,而不是某个国民或者某个集团的利益

李斯特老师转身在黑板上写上"关税"两个字,高声说:"政府不能作为'守夜人',而应该承担'植树人'的角色,应该积极作为,去制定各种产业政策,利用关税等手段来保护国内经济。"

"第一个问题,什么是关税?"李斯特老师问道。

这种问题比较专业,只能由专业人士来回答,于是那个学经济的同学站起来回答说:"关税是指进出口商品在经过一国的边防站、海关等边境时,由政府设置的检察机关向进出口国境的货物所征收的税收。"说完便得意地站着等老师的夸奖,但是老师很扫兴地叹了口气,摆了摆手让他坐下,说:"关税应该是一种保护措施,而不是从境内外贸易的利润中给政府分成。"

"这种做法丢失了关税的本意。我认为,通过关税制度来实现贸易保护才是关税最重要的作用,因此在这个制度的设计上,应体现出以下几方面的努力。"李斯特老师一边说,一边摸着自己的胡子。

王永军老师评注

晚清时代,关税不能自主,中国的民族工业即使有发展也因为毫无关税保护而不堪一击。

"首先是对不同的产业征收不同的关税,特别是国内一些刚刚起步的产业,比如向对于国内民族工业产生竞争压力的进口产品征收高关税,而用免税或关税回报等方式来鼓励国内不能自行生产的大型机械设备的进口。其次必须是有选择性地保护,只有对那些通过保护有希望发展出来的产业进行保护,而对于那些即使努力保护也没有成长起来的可能性的产业则不予以保护。最后要适时调整,也就是关税税率的制定不能是无休止的,也不是无期限的,如果超过一定的时间,受保护的产业还没有发展起来,那么就应该取消对它们的保护。"

说到这里,张山举起了手,问道:"老师,您说的保护的意思我们可以理解,但是我们怎么区分一个产业到底有没有发展的潜质呢?"

"这位同学请坐。我想确定一个产业发展的潜质应该是一个民族经济学家忙碌的内容。比如德国,它与法国为邻,而且法国的强项产业就是酒和衣服等,德国又与以鲜花为强项产业的荷兰为邻,也与农业大国俄罗斯不远,那么我们可以看到,相比较之下,在这几大产业中,德国无论怎么发展,在衣服、鲜花、酒等方面都赶不上别的国家,那么可以放弃保护,通过贸易让国民获得利益。德国的粮食产业虽然与俄罗斯相比劣势很大,但是因为粮食是国家安全战略产业,因此就算是赔本也应该保护粮食生产的发展。"

老师转身在黑板上写上"国家利益"四个字,并和"关税"之间画了一个箭头,然后强调道:"关税是为国家利益服务的,而国家利益高于一切,包括政府利益。所以就算是贸易保护也不能妨碍自由贸易,这是因为贸易保护的目的是让国内的产业得到发展的空间和平台,而贸易自由能让国民以更少的代价享受更多的商品。"

自己动手,丰衣足食

王永军老师评注

对个人来说,财富生产即劳动的意义,和财富本身同样重要。

"**财富生产比财富本身更有吸引力。**"李斯特老师稍微平静了些,继续说:"财富问题是经济学的核心,所以我认为,财富应该是为国家利益服务的核心,即在生产财富的过程中,全体国民的自力更生、艰苦奋斗能带来更多的效益,因为财富的生产过程比财富不知道要重要多少倍。"老师接着又强调了一句,"特别是对于国家来说。"

"老师,您刚才不是说,如果确定了某些产业没有优势的话,要放弃保护吗?"一个同学问道。但是李斯特老师好像没有看到那个举手的同学,也没有听到他的问题,继续说道:"财富生产不仅可以让已有和已增加的财富获得保障,也可以让已消失的财富重新得到回报。"

"我不是没听到你的问题,但是请不要打断我。"李斯特老师慢半拍地回应

财富生产和财富

对国家来说，生产财富的能力比财富本身更重要。

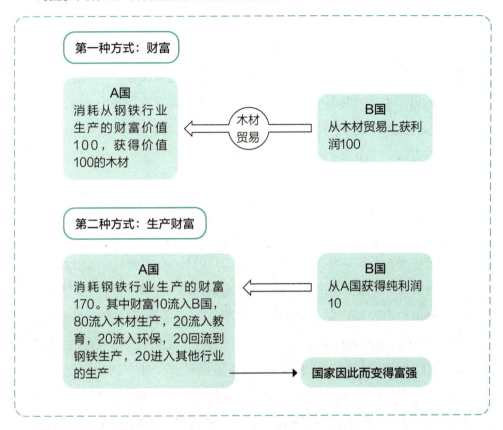

说，"刚才说的贸易保护或者贸易自由都应为国家利益服务，服从发展生产力的需要，服从国家内部工业和农业的发展需要。如果一个国家生产力落后或者某个行业全面落后于别的国家，实行贸易保护就是促进生产力发展的重要途径。当然，这种作用在自由贸易的状态下，是无法实现的。"

"老师在说啥？"张山心想，而且也从别的同学眼里看出了这种疑问。

李斯特老师看出了学生们的疑惑，进一步解释说："假设 A 国的甲行业落后，而 B 国的甲行业比较先进，那么 A 国政府将面临两种选择。"

"第一种，选择财富。自由贸易，秉承着哪里便宜到哪里买的原则。A 国政府不限制甲种商品的自由进出，每年花上价值 100 的国民财富去 B 国购买甲商品，而且通过进出口，政府获得了关税，国民享受了价值 100 的甲种商品。但是，这种过程是连续的，即这个国家、政府、国民每年都需要耗费价值 100 的财富来获得这种商品。

"第二种，选择生产财富。保护贸易，秉承的是一切为了生产的原则，A 国政府限制甲种商品的进出，每年花上价值 10 的财富去购买甲种商品，然后花上价值 180 的财富去生产其余剩下的价值 90 的甲种商品。从表面上来说，A 国做了一笔亏本的生意，因为它花费了价值 190 的财富获得了价值 100 的甲商品。"

李斯特老师停了下来，目光在教室里扫视了两遍，慢悠悠地问道："如果各位是 A 国政府领导人，你会选择哪种方式呢？"

虽然张山也知道老师选择的是第二种方式，但是他无法做出回答，因为他不知道在明明吃亏的情况下，为什么还要选择第二种方式。

李斯特也没有希望从学生那里得到回答，接着说道："我的话没有说完。当选择第二种方式时，实际发生的情形可能没有那么恶劣。首先因为生产的成本更高，所以国民对甲种商品的需求降低了，即他们只需要价值 90 的甲种商品，剩余的 10 由甲种商品的替代品取代，即 A 国只用消耗价值 170 的财富。而且在生产的过程中，这里的价值 160 的财富并没有被消耗掉，而是变成了其他行业的生产动力，这个过程我们等一下再解释。反正结果对比是这样的。"

"第一种方式甲行业消耗了 100 的财富，获得了 100 的商品，然后为 B 国生产加了价值 100 的油。而第二种方式甲行业消耗了 170 的财富，获得了价值 90 的商品，然后为 B 国加了价值 10 的油，为自己加了价值 160 的油。"

李斯特老师很满意学生们接受"灌输"的样子，继续加"料"说："还有另外一个问题，10 年之后的情形又是怎样的呢？"

"第一种方式，10 年之后的 B 国越来越强大，而且在甲种商品的生产上，A 国的劣势越来越大，也许再消耗价值 100 的财富已经买不来价值 100 的甲种商品了。第二种方式，10 年后，A 国的生产水平慢慢地赶上来了，每年依然需要花上 10 的财富购买价值 10 的甲种产品，而现在只需要价值 120 去生产剩下的价值 80 的财富，而且 B 国从 A 国获得的发展助力很小，也就是说两国的差距减小了。"

"不过这 10 年中还要注意两个问题。"听到老师的这句话，张山刚恍然大悟的心又提起来了，"这个老师又要说什么惊人的话呢？"

李斯特老师不怎么重视学生们的反应，自己边说边在黑板上写上"教育"和"安全"两个字："第一个问题，教育是让一个国家的精神资本得以延续的主要手段，也是行业差距拉近的根本手段。一个国家的最大部分消耗，应当用在下一代的教育上，应当用在国家未来生产力的促进与培养上，也就是说刚才所说的价值 160 的那部分财富，其中有很大一部分都应该投入到教育中，促进技术进步和革新，让甲种商品的生产成本最终能降低到和 B 国处于同一水平。我认为，无论是哪个国家，在某一个方面都可能不如别的国家。"

"第二点，我刚才所说的甲种商品的问题，如果它是一种关系到国家安全的商品，如我们刚开始所说的粮食，那么就算是第一种方式消耗财富 100，第二种方式消耗财富 300，而回报也是 100，那么还是需要选择第二种方式的。因为如果选择第一种方式的话，10 年后 A 国就完全被 B 国所操纵。如果甲种商品不是关系到国家安全的商品，如上文所说的鲜花，那么在权衡利弊后，可以完全开放鲜花的贸易，而将这部分的财富消耗投入到自己所长的行业中，从 B 国为自己加的油中获得回报。"

最赚钱的方式

李斯特老师显然对自己的财富理论很自信，继续说道："从上面所讲来看，我们可以得出一个结论，对一个国家来说，最赚钱的方式不是眼前的利益，而是通过工农业的生产所获得的国家发展这个最终的利益。"

教室里一片安静，李斯特老师的气场太强大了。

"相对来说，最赚钱的方式就是国内工业的发展。"李斯特单刀直入地解释

亚当·斯密、李嘉图、李斯特贸易理论比较

	代表作	贸易理论
亚当·斯密	《国富论》	贸易的作用是互通有无，国家不应该去限制贸易，在任何时候都应该通过贸易的发展获得金银的积累。而在一定程度上，应该鼓励出口，缩减进口，为国家获得更多的重金属储备
李嘉图	《政治经济学及赋税原理》	如何进行贸易并不重要，关键是哪种贸易方式能让国家征收更多的关税，能让这些税收更好地为公共事业服务
李斯特	《政治经济学的国民体系》	根据行业、经济环境、国际背景等条件选择贸易保护还是贸易自由，而这些选择的目的是通过关税保护国内民族经济的发展，重要的不是关税的收入，而是关税所起的贸易保护作用

说，"工业生产相比于农业，有着更快的循环和回报率，而且在技术革新上的速度更快、更重要，所以在贸易限制下，如果财富全部回流到国内，国家会因此获得大笔的财富。"

"那么，如何才能促进工业生产的发展呢？"李斯特老师放弃了财富这个话题，转而谈起了工业，他完全不顾学生们的反应，"促进工业生产的方法有很多种，每一种的过程和效果都不一样——这里顺便说一句，如果在国家利益面前，只要有手段能达到目的，那么在应用上就不应该有任何疑问。首先是教育，这个我们刚才已经说过了，其次还有工业展览、优良成就奖励、交通运输改进、专利法等。总之，凡是目的在于促进工业发展，能够调节与促进国内外贸易的所有法律、政策、手段，我们都应该重视。"

"我们回到主题，也就是最开始说的关税问题。刚才主要讲的是输入的问题，现在我们讨论一下输出的问题。我认为，对输出加以禁止或征税只能看作是例外情况，对于自然产物的输入只应当征收一般性关税，而不应该征收保护性关税。

而对工业国家来说，征收关税的对象主要是各种奢侈品，而不是谷物、牲畜等普通的生活必需品。虽然在农业产品生产方面，工业国处于劣势地位，但是如果不限制出口，那么在对等贸易条件下，对方输入自己的工业产品，依然是工业国处于优势地位。**至于一些落后的国家，或者是人口较少、国土面积狭小的地区，对于工业品的输入也应该只征收普通关税。**因为这些产品是落后国家或小国家完全不能生产的，而在无法避免经济附庸地位的情况下，扩大贸易量也是一个为人民谋利益的方法。"

王永军老师评注

爱国必须要有理智，完全抵制外国商品等于隔断了对外交往途径。

张山听到这里已然明白，老师说的主要意思就是，有时候一个国家不能完全按照自己的意志来保护本国民族经济的发展。他很不解地站起来问道："老师，如果这样的话，工业产品和农业产品的贸易剪刀差问题会越来越大，怎么办？"

李斯特回答道："关于剪刀差的问题，我和别的经济学家有着不同的观点。假设一个国家控制着粮食，另外一个国家控制着石油，很显然，他们之间的关系是相互依存的，而且有时候，控制农产品的国家更是掐死了控制石油国家的命脉。也就是说，即使有剪刀差问题的存在，那么相对来说，农业国的国家战略更为安全。"

一切以机器为发展中心

"大家对我说的内容还有什么疑问吗？如果有问题，请提出来，我会给大家一个满意的解释。"很显然，李斯特老师对自己的理论非常有信心。

张山很果断地站起来，作为一个农民的儿子，他不能容忍老师把工业作为重点的说法，于是问道："老师，我想问一下，为什么您认为工业比农业更加重要呢？"

李斯特老师很显然对此质疑胸有成竹，坦然地说："在解释工业作为经济重心问题前，我们先说一下城市的问题。"

"城市对国家的政治和经济发展有着极大的影响力，当然这一点上对农业、农民和农村同样有利。提高农民的经济地位，让农村居民享受与城市居民同样的福利——这是政府的职责所在，因为农民所能享受的精神和物质财富越多，他们能够向城市输送的粮食和各种原材料的数量也就越多，从而促进城市的繁荣与发展。

"而对工业来说，城市的作用有着不同的意义。工业所创建的资本和运输设备，让传统农业获得发展的机会，让城市直接变得繁荣起来，而且在一定程度上改变了国民精神。在我们那个时代，乡下的土财主在勉强维持简陋的乡村生活后，唯一的娱乐是畜养犬马和打猎。而进入城市工业社会，地主在城市里受到了戏剧和音乐的陶冶，他们有机会和高雅的艺术家接触，从而变得优雅和更有进取精神。

"工业越向前发展，社会生活就越是纷繁复杂；人类的意志越自由，就越能使宽容忍让的精神占上风。总之，工业的发展会使人们的胸襟变得宽大，当教育取代宗教，民族语言、文学修养、艺术创造、内政制度就会得到改善，也就是说工业的发展才是第三产业和城市发展的根本动力。而且相对来说，工业比农业要求的劳动力投入更少，对技术革新的依靠更大，所以能利用更多的剩余人口，促进技术的发展，开拓国际市场，获得更高的利润，也有更多的精力去发展军队等公共建设，进一步增进国家的繁荣，聚集国家的力量。"

张山心想："老师说得很有道理，可这都是政治上的，不是经济上的。李斯特不愧是'骨灰级的爱国者'。"

李斯特老师没有意识到自己跑题了，继续着自己的观点："一个国家，我说的是那种有着肥沃广阔的土地，全面的、均衡发展的农业和工业国家，比一个纯农业国家来说，可以养活后者两倍或两倍以上的国民，而且这些国民的生活水平更高。总而言之，国家建立了工业体系后，一切精神文明、政府收入、公共建设以及国家安全等方面，都会出现翻倍的增长。"

"我的课讲完了。"李斯特老师收拾了一下自己的衣服,然后抬起头说,"也许你们认为我讲的一些问题是政治的而不是经济的,我要敬告各位的是,所有经济问题都是政治问题,经济学说都是根据国家背景来为一个国家服务的。"

说完这些,老师鞠了个躬,往外面走去。教室里爆发出雷鸣般的掌声,送给这个可敬又可爱的老头。

李斯特老师推荐的参考书

《美国政治经济学大纲》 弗里德里希·李斯特著。1825年,刚从监狱释放的李斯特被迫赴美,受生活所迫,在报纸上发表经济评论,后来这些评论被集结为《美国政治经济学大纲》。这本书对19世纪美国经济现状有着详尽的记载和分析。

《政治经济学纲的国民体系》 弗里德里希·李斯特著。本书是李斯特的代表作,也是李斯特理想中的国民经济发展蓝图。书中对生产力发展、工业发展道路、国家经济政策有着详细的阐述。读透这本书,能让人们清楚地认识到社会经济发展的理想状态,也能想象出国家强大的根本途径。

第九堂课
凯恩斯老师主讲"国家"

经济想要正常运转,需要国家政策调控。

约翰·梅纳德·凯恩斯(John Maynard Keynes,1883—1946)

  现代西方最有影响的经济学家之一,被誉为"资本主义的救星""战后繁荣之父"。他引起了经济学的革命,其主要著作有《货币改革论》《货币论》《就业、利息和货币通论》等。凯恩斯认为市场经济有着巨大的缺陷,所以一国政府应该发挥应有的作用,利用货币政策等调控经济。

为什么会有经济大萧条

"大家好,我是约翰·梅纳德·凯恩斯,我今天要讲的内容主要是经济学中'国家'的地位。"

张山注意到,大名鼎鼎的"经济改革家"凯恩斯看上去非常慈祥,双眼炯炯有神,似乎有用不完的精力。

"在19世纪以及20世纪初,主流的经济学思想是亚当·斯密先生以及李嘉图先生主张的自由放任经济学说,我们称其为传统经济学。这种学说有五个原则,自由市场、自由经营、自由竞争、自动调节、自动均衡,这些原则的核心是'自动均衡'。这种观点在很长一段时间内引领着资本主义社会的发展,但是这样的经济体制有很大的缺陷,通过资本主义经济的大萧条我们就可以看出来。那么,为什么会有大萧条呢?这就是我今天要讲的第一个内容。"

凯恩斯老师打开自己的讲义,将头发往后捋了捋。

"20世纪初期,资本主义世界经济危机频繁爆发,经济大萧条每隔七八年就会降临,似乎没有办法避免。这样的状况很令人担忧,因为你总是在担心经济危机降临,明知它会来,又找不到办法躲避。而每一次经济危机时,自己积累的财富,或是整个社会的经济都会受到严重的破坏。经济危机的破坏性有多严重,想必大家都有了解,在这里我再向大家简单阐述一下。"

凯恩斯看了看讲义。

"列举一些数字,大家就明白大萧条的危害了。"凯恩斯拿了一支粉笔,一边念一边往黑板上写,"在短短几年的经济衰退中,大批的民众失去工作。据统计,1932年,美国失业人口1370万,德国560万,英国280万。那么,这样的经济危机是怎样形成的呢?为什么会有大萧条?"

张山正在沉思黑板上的数字,他在历史课中看到过那次全球经济大萧条的

王永军老师评注

大面积失业是经济大萧条中无法避免的后果。

一些场景，许多人失去收入，只能守在贫民窟中等待救济。

凯恩斯显然已经进入主题了，他接着讲："实际上，经济危机是由于社会总需求不足所引起的。道理很明显，社会的生产力增强，生产商品的多少应当取决于市场的容纳量，需求增加了，自然会刺激生产，这样一来经济就增长了。而假如市场萎靡了，人们不愿意花掉手中的钱，不愿意消费，生产的大批商品就卖不出去，商品积压，资本家就会减缩生产量，甚至是停止生产。不生产了，自然就不需要雇用工人，就会出现失业。假如你失业了，断绝了收入，你还敢大胆地消费吗？"

"越来越多的人失业了，商品消耗量下降得就更快，许多不利的消息也会让

经济大萧条的起因和危机

在生产力和生产关系不协调的情况下，大萧条无法避免。

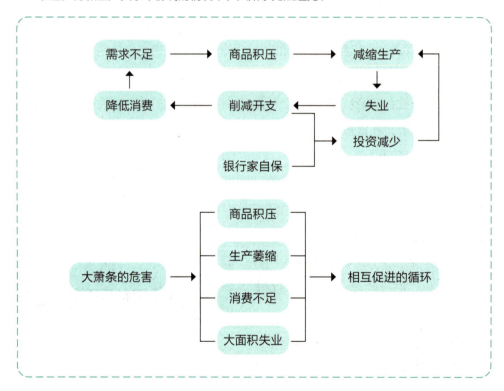

那些有工作的人惶恐不安,他们就会缩减自己的开支。然后就是恶性循环了。"

一口气讲了这么多,凯恩斯停下来,喝了口水。

后排一个高个子同学举起了手,凯恩斯一边放下杯子,一边示意:"这位同学,你有什么疑问吗?"

大家哄笑,高个子同学有点儿不好意思,问道:"既然经济大萧条是最初的需求量造成的,那么最初的需求量是怎么减少的呢?也就是说这个经济是怎么走上恶性循环的?"

凯恩斯挥手让他坐下,凝重地说了一个词:"盲目性。"

"还以那次全球经济危机为例,在20世纪20年代初期,人们对于市场经济充满信心,被眼前的繁荣景象冲昏了头脑,因而竭力扩大生产,膨胀消费。在1924年至1929年的美国,分期付款销售额从约20亿美元增长至35亿美元,由此可见其增长率大得惊人了。但是,在贷款增加消费、促进生产的同时,也暴露了一个隐患:消费市场之所以有那么大的容纳量,是以贷款为基础的,其本身并没有那么大的需求量。也就是说,当时令人欣喜的消费量是以分期付款为前提的,假如分期付款受到了限制,消费就会锐减。

"1929年,这种情况就令人抱歉地发生了,适量的超前消费能够承受,过于膨胀就会使危机一触即发。到1929年,消费者们即使有分期付款作保证,也容纳不了那么多的商品了,商品卖不出去,资本家自然就不愿意再扩大投资了。数据显示,1929年,美国整个工业的开工率只有80%。投资得不到回报,自然就会收缩投资,1929年的投资为404亿美元,到了1930年,投资下降到274亿美元,1932年,进一步减少到了47亿美元。银行不再愿意提供贷款,于是,整个链条就开始走向毁灭。"

张山心想,为什么许多人都明白这样的道理,却不去阻止呢?于是他询问老师:"为什么经济学家不提醒一下民众,都不要那么快缩减消费,不是就可以保证危机软着陆吗?"

> **王永军老师评注**
>
> 软着陆原指通过一定的减震措施,航天器以安全速度降落。经济学上的软着陆,指的是通过调控让经济危机以可接受限度的方式解决。

凯恩斯摇摇头："想法很好，但是太天真。"

凯恩斯在黑板上画了一个大笼子，接着说："整个市场经济就像是这个铁笼子，所有的市场参与者就像是里面的人，这个笼子里有几十亿人，所有的人都在向上走，所以整个笼子也是在走上坡路。"

"经济危机出现苗头时，这个笼子开始下滑，但是只是很缓慢地、动作很轻地下滑了几厘米。这时候，所有的人都感受到了，为了不使自己受伤，多数人开始随着笼子向下走，这个时候即使有清醒的人，也不能控制局势。每一个人都在加速着整体的下滑，想要让所有人团结起来，减缓笼子的下滑速度是不可能的，因为被整体拖着走是危险的。最终造成的结果呢？是整个笼子重重摔下，所有人都受重伤。"

如何走出经济大萧条

讲到这里，大家都有点儿郁闷，毕竟出现经济萧条，所有人都摔得重伤的场面谁也不想看见。

凯恩斯接着讲："由上面的大萧条的危害和铁笼子的例子，我们可以看出，人与人之间的利益纠葛和民众整体观念的缺失，使整个市场参与者具有很大的盲目性。也就是说，自由的市场机制不是万能的，自由市场经济缺陷的存在是客观的、必然的，并且，市场的缺陷不能由市场调节机制来弥补。市场经济自身不能达到完美的状态，总是会遇到危机。"

张山轻声说："这与亚当·斯密老师的观点相互冲突啊，斯密老师可是认为自由市场是可以自我调节的。"

老师仿佛听到了他的话，说道："原本我也很相信，我觉得自由市场可以自我调和，但是面对问题的出现，我们追根溯源，发现问题就出在市场本身。所以，我们需要政府的力量。"

这时候，凯恩斯话题一转，说道："但是，人类是不会允许这样的跌落持续下去的，我们总会想办法阻止悲剧的蔓延。下面我们就来讲一下如何挽救或是避免经济大萧条，由谁来挽救。"

凯恩斯在黑板上写了"政府"一词，接着说："政府干预，也就是说政府机构需要在一定的时期，根据市场的性质和特点，适当介入，通过一系列的政策引导市场，政府干预可以克服自由市场机制的盲目性，使市场经济更有秩序。政府要承担干预经济生活、实现充分就业的责任。我认为，当经济发展出现了问题，或是在问题暴露、经济出现危机的时候，政府应当站出来。"

"纠正市场的盲目，弥补市场的缺陷，只有靠政府的宏观调控力量，只有政府对经济采取积极有效的干预作用，才能保证经济的持续繁荣。那么政府应该做点儿什么呢？总的来说，政府对经济活动具有五大功能：宏观经济的制衡功能、

政府摆脱危机

利用信息差和消费潜力，政府可以摆脱危机。

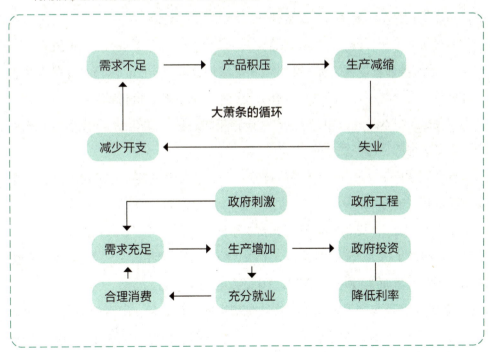

市场竞争的保护功能、整体效益的优化功能、经济结构的协调功能、公平分配的维护功能。

"需求是整个市场经济发展的基本动力,但是需求不能仅仅靠市场的自发调节。很明显,市场供给不能自动创造需求,这才导致了资本市场的混乱。究其原因,是在边际消费倾向比较稳定的时候,人们总是更愿意把自己增加的收入存储到银行中,而不是用于消费,这样的举动会导致需求没有生产增加得快,社会总供给和社会总需求之间的平衡也就被打破了。所以,正确的经济政策应当是放弃经济自由主义,以国家干预的方针和政策来解决有效需求不足的问题。

"在市场出现不同状况的时候,政府应当采取不同的举措。首先,在需求不足期间,政府应该主动扩张财政支出以应对失业率的上升。政府不应追求短期的财政平衡,即使出现赤字,也应该在萧条期间扩大政府开支。贫困群体的边际消费倾向很高,大型政府投资工程的兴建,既可提高投资需求,也将使得贫困群体的收入提高,进而促进社会消费。举个例子,古埃及之所以强大,就是因为政府出资建造金字塔这样的庞大工程,金字塔的建造能够为非常多的人提供工作机会,当然了,我们不能像古埃及一样强制苦工。"

凯恩斯翻了一页讲义,然后在黑板上"政府"一词下面画了一条横线。

"在投资萎靡的时候,赤字财政政策能够加大政府支出,以公共投资的增量来弥补私人投资的不足,这就可以补上投资不足的缺陷。我们都知道,投资的作用不仅仅是投资本身的数额,它会产生一连串的效应。事实上,在市场经济条件下,很多事情都是连锁发生的。"

一个同学问道:"在从前的经济危机中,我们政府投资4万亿救市,是否就是一种很有效的方法?"

凯恩斯点点头说:"这是一个很好的例子,4万亿不仅仅增加了这样数额的资金,还起到了稳定人心的作用。人心很重要,大家看到出路了,就会适当增加支出,每个人增加1000元的支出,10亿人就是1万亿。"

"政府能够采取的另外一个举措就是积极的货币政策。一旦经济出现萧条,政府就应该实行积极的货币政策。资本边际效率的递减和过高的利率将引起投资不足，生产也就不能扩大到充分就业的程度。提高资本的边际效率，同时降低利率，就是实现充分就业的必要手段。货币政策与财政政策应当是统一的。通过财政政策刺激内需，资本的边际效率就必然提高，民间就更愿意投资，因而可以克服投资不足的问题。同时，民间投资的兴旺，又将促进社会的总需求，进而使得经济体向着充分就业的方向发展。政府能够拿出的资金是有限的，货币政策的变化却能够吸引民间的投资，而民间的投资几乎是无限量的。"

"休息一会儿。"凯恩斯似乎有点儿累了，喝了点水，停顿了一会儿。张山想走上去和他交流一下，但是被几个同学抢先了。

张山的朋友小李说："怪不得有时候国家宣布利率上调或是下调，一般都是幅度很小的，但是却像是重大新闻一样，幅度很小，影响力很大啊。"

10分钟后，凯恩斯又站上讲台："刚才几名同学都表达了自己的意见，我现在来回答一下刚才他们的问题。首先，货币政策对扩张总需求的作用是间接的，其效果是不确定的；另外，如果经济处于流动性陷阱中，货币政策是无效的，所以，政府出手一定要讲究时机和方式。"

"总的来讲，经济要想正常运转，需要国家政策调控。政府正确的经济政策可以弥补自由市场的不足，能保证充分就业、价格稳定、经济持续均衡增长和国际收支平衡。"

能给每个人一份工作吗

"说到'充分就业'，就牵涉工作的问题。我们已经知道，失业是经济大萧条的一个重要的表现和危害，为避免或是挽救经济萧条就需要保证充分就业。那么如何保证呢？这个社会能够给每个人一份工作吗？"

凯恩斯在黑板上写下了"工作"二字，然后圈起来，问道："在座的诸位，你们当中肯定有人已经工作了，但是大部分还是学生，每个人的理想不同，但是在你们走向社会的时候，都需要首先解决就业的问题。当然了，我们今天不谈怎么找工作，我们从宏观上讨论一下市场经济体制中的就业问题。"

张山确确实实感受到了临近毕业的压力，他看到学长们在毕业招聘会上的忙碌身影就开始担心自己毕业的时候怎么办。不过听到凯恩斯的讲解之后，他想："老师是经济大萧条的终结者，看看他怎么讲就业问题。"

"首先，我们需要认识到，资本主义市场经济在没有政府干预的情况下，不能够实现'充分就业'。前面我们已经讲了，有效需求决定社会的就业量。"

凯恩斯在工作下面写了"有效需求"，并分解为"总供给价格"和"总需求价格"，然后接着说："当某种商品总需求价格大于总供给价格时，消费者需要大量的这类商品，市面上的供给量不够，资本家就会想方设法增加此类商品的生产量，他们会通过增雇工人、购买设备、研究新工艺等方式以填补市场，虽然他们的目的是多赚取利润，但是结果也会使更多的人有了工作；反之，当某种商品的总需求价格小于总供给价格时，市场上供大于求，资本家会收缩生产、裁减雇员，企业里面的一部分工人也就失业了。"

"举个例子，一家服装厂，每个月生产10000套服装，每套按照预定的价格销售。假如服装销量很好，供不应求，资本家就会想办法扩大生产规模，而扩大生产规模的一项举措就是增加雇员；但是假如以同样的价格，却销售不出去，市场容纳不了那么多的服装，那么，资本家只能缩减规模，必然不需要原来那么多的工人了，一部分人就会被裁员。当然了，缩减工作时间也会使产量缩减，但是资本家不是慈善家，他们不会花钱养不干活的工人，他们首选的方案必然是裁员。"

张山旁边的同学站起来问："凯恩斯老师，您所说的失业问题是指很多人完全找不到工作，还是被公司裁员呢？要是由于公司效益不好被裁员的话，再找一个效益好一点儿的公司就业不就行了？"

凯恩斯笑了笑："年轻人，看来你是对自己的才能比较自信，觉得总有用武之地，请坐。"

凯恩斯老师喝了点儿水，然后回答："我们所讲的失业指的就是很多人找不到工作，无事可做，偶尔被裁掉并很快找到工作当然不算，只是反映了一个失去工作的原因而已。在经济大萧条期间，失去工作之后是很难再找到下家的，一个待遇非常糟糕的岗位往往会招来上百求职者，有的公司在二楼，楼梯都被挤坏了。"

众人不禁哄笑，凯恩斯说："不要笑，这是真实的情况。好了，我们接着讲正题。"

"那么什么是有效需求呢？有效需求是指商品的总供给价格和总需求价格达到均衡时的总需求。就业量取决于总供给与总需求的均衡点，一般情况下，某一类商品的生产成本和资本家能够取得的利润在短期内的变化是不大的，因此，资本家不会贸然扩大生产或是缩减生产，也就是说，这一类商品的总供给基本稳定。"

"这样的话，问题就被锁定在有效需求的大小上了，而有效需求由消费需求和投资需求构成的，其大小主要取决于消费倾向、资本边际效率、流动偏好三大基本心理因素以及货币数量。"凯恩斯在黑板上写下了"消费倾向"四个字，然后他接着说，"消费倾向是指用于消费的货币在消费者的收入中所占的比例，它决定消费需求。一般来说，一个人的收入增加之后，他用于消费的支出增加幅度往往低于收入增加的幅度，呈现出的规律叫作'边际消费倾向递减'，于是引起消费需求不足。"凯恩斯说完，在"消费倾向"后面写上了"不足"二字。

"第二个因素，资本边际效率。资本边际效率是指增加一笔投资所预期可得到的利润率，它会随着投资的增加而降低，从长期看，利润率递减的规律，会降低投资的诱惑力。既然是递减的，总会减到资本家不愿意投资的程度上，这时候，投资就会减少，也不利于就业。"

同样地，凯恩斯在第二个因素后面标上了不乐观的标志。

"最后就是流动偏好，人们更愿意用货币形式保持自己的收入或财富，不愿意足额消费，这样的心理称为流动偏好，它决定了货币需求。在一定的货币供应量下，人们对货币的流动偏好越强，利率就越高，而高利率将阻碍投资。

"好了，三个因素一般都是向着消费需求不足和投资需求不足的方向发展，时间长了，就会产生大量的失业。这是自由市场经济体制的缺陷，这样的情况必然会发生。那么，如何解决这种缺陷，并保证人人都有工作呢？"

凯恩斯停下来，手中拿着粉笔，手停在空中，用期待的眼神看着大家，有人已经说了出来："政府干预。"

"是的。"凯恩斯刷刷几笔写在黑板上，"解决失业的最好办法是政府干预经济，采取赤字财政政策和膨胀性的货币政策来扩大政府开支，降低利率，从而刺激消费，增加投资，以提高有效需求，实现充分就业。"

凯恩斯放下粉笔，缓缓说道："自由市场经济条件下必然不会给每个人都提供工作，但是政府的正确干预却可以弥补这样的缺陷，达到充分就业。当然了，绝对的不失业是不可能达到的，但是大面积失业的惨淡景象应当能够避免。"

钱，花出去才是你的

凯恩斯拿起黑板擦，一边擦去原来的文字一边说："刚才我们讲到了'消费倾向'和'流动偏好'的问题，我们在这里再着重讲一下，不过现在是站在个人的角度讲，这关系到大家的钱袋子问题。"

凯恩斯擦完了黑板，将"消费倾向"和"流动偏好"两个词留了下来，然后开始讲课："我不知道你们平时的消费观怎样，但是，可以肯定的是，短期内，你的消费水平由收入决定。手里的钱不够，商家自然不会愿意把昂贵的商品馈赠给你。也就是说，你穿什么样的衣服，吃什么样的东西，开什么样的车，住什么样的房子，取决于你的收入。按照这样的说法，一个人的收入增加了，他的消费必然也会增加，对个人而言，只有这样，收入的增加才有意义。"

"然而，关于收入增长和消费增长却普遍受一种心理规律的影响，在一般情况下，当人们收入增加时，他们的消费也会增加，但消费的增加不像收入增加

王永军老师评注

收入最终流向消费和储蓄。特别是对传统的中国人来说，储蓄往往是第一选择。

得那么多。很浅显的道理，一个人原本的工资是每个月 2000 英镑，可以保证他的正常生活，而且有节余，假定他消费了 1000 英镑，还结余 1000 英镑。一段时间之后，他的工资达到了 3000 英镑，会出现怎样的结果呢？"

教室里顿时热闹起来，大家都在讨论，听起来大多数人都表示又可以多存点儿了。

凯恩斯待教室里的气氛稍微平息之后，开始提问。凯恩斯问了四个人，回答都是增加存款。

"这样就可以每个月存上 2000 英镑了，既然前面已经提到了，1000 英镑都够用了。"

"工资增加了，生活品质自然要提高，存上 1500 英镑吧，另外每个月多花 500 英镑，买一些自己喜欢的东西。"这是一个漂亮女生的回答。

"我觉得肯定要用一部分来改善自己的生活，我每个月会再多支出 200 英镑。"

……

凯恩斯举起手，示意发言结束，然后接着讲："几乎没有人愿意将多收入的 1000 英镑全部用于提高自己的生活水平。这可以理解，但是并不完全正确，这就是让人难以理解的消费倾向。"

"事实上，我们需要认识到，钱这种东西，不是可以直接用来满足生理需求的，只能通过交换，换取有用处的衣食住行用的物品才能真正改善生活。也就是说，钱，花出去才是你的，你没有花，那就还不完全属于你。"

张山听到这里有点儿疑惑，这样说似乎有点儿强词夺理了，于是他举起手来。

"这位同学有什么问题吗？"凯恩斯问道。

"老师，您为什么这样说呢？钱在很长时间内都是可以信赖的，我们存的钱可以随时取出来买东西啊，使用权归我们，您为什么说不是我们的呢？"

凯恩斯回答："没有银行会突然宣布你的存款消失了，但是，你存下来的钱会慢慢蒸发。"凯恩斯翻了一页讲义，"从宏观角度上看，由边际消费倾向递减规

保值和消费

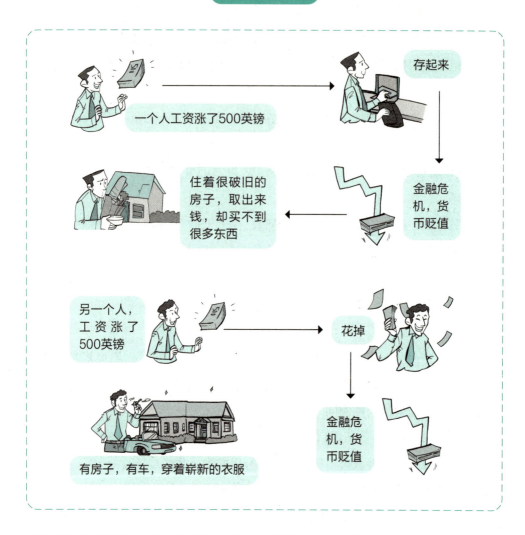

律引起的消费不足,就会使商业、餐饮业不景气,使投资者产生悲观预期,降低他们的资本边际效率,产生更强的流动偏好,诱发投资不足。产品滞销、非自愿失业、贫困屡屡出现,生产过剩危机频繁爆发的直接原因,就是消费不足。"

"也就是说,消费不足是一种危机。整个社会的消费不足会诱发经济危机,经济危机一来,你手中的钱就会贬值,能够换到的东西非常有限,你以前辛辛苦苦赚到的钱就在很短时间之内大幅度减少了。

"还是刚才的例子,两个人,工资都是由2000英镑上涨到了3000英镑,其中一个人将上涨的1000英镑都用于消费了,几年之后,他的房子里面很多贵重物品,他买了汽车,还拥有很多金银饰品,在过去的几年里生活得非常富足。另一个人呢,将钱都存了起来。这一年,由于大范围的消费不足,经济大萧条爆发,通货膨胀,第一个人依旧可以依靠自己原来买的很多生活用品维持较好的生活,而第二个人即使将自己的存款都取出来,也不足以购置第一个人一般的生活用品。也就是说,对第二个人而言,至少当时有一半的钱不是他的。"

凯恩斯看到大家都在思考,并不着急,喝了点儿水,然后等着下面的窃窃私语稍微平静之后,才放下了杯子。

"当然了,过度消费是一种资源的浪费,我所讲的重点在于整个社会要保持旺盛的消费。另外,有人会觉得,如果钱存起来,经济大萧条没有发生的话,钱就还是自己的。那么,我可以告诉大家,消费的不足必然会引起经济萧条,没有侥幸。唯有政府适时调控,每一个人保持旺盛消费,整个市场经济才会往好的方向发展,你手中的钱才会是你的。"

"好了,我的课就讲到这里,诸位再见。"凯恩斯整理好讲义,在掌声中走出教室。

凯恩斯老师推荐的参考书

《货币论》 约翰·梅纳德·凯恩斯著。本书对货币在经济学中的作用进行重新阐释,强调国家政策中货币的乘数效应。深刻理解此书,能从货币政策的变动中预测到未来经济形势变化。

《就业、利息和货币通论》 约翰·梅纳德·凯恩斯著。本书是凯恩斯的代表作。本书一出版就引起了经济学界的轰动,其中的内容就是由于力图挽救经济危机和经济学危机而生的,被认为是传统经济学的"革命"之作。这本书的核心内容是如何解决就业,如何通过解决市场经济的失衡来挽救经济。

第十堂课
萨金特老师主讲"计量"

经济学是常识的集合体。

托马斯·萨金特(Thomas J. Sargent, 1943—)

1943年生于美国加利福尼亚州,哈佛大学哲学博士,目前在纽约大学教授经济学。从20世纪70年代初以来,萨金特为新古典宏观经济学体系的建立和发展作出了杰出贡献,其最突出的贡献就是对宏观经济模型中预期和动态经济理论与时间序列分析等。

用数学模型来计算经济

灯光亮起，一个相貌温和的外国老者出现在讲台上，微笑着自我介绍说："大家好，我是萨金特，今天由我来为大家讲解一些经济学的小问题，希望大家批评指正。"

老师的态度非常谦和，张山一下子就喜欢上了他，萨金特老师脸上的笑容很亲切、随和。

"首先我为大家介绍一下一些数学方面的内容。各位对经济学的第一印象是什么？"老师的笑容从来没有断过，提问的时候都是细声细气的。

"数字""图表""很难懂"等答案先后响起来。

"谢谢各位。"老师在黑板上随手写下"数学"两个字，标准的方块字，能看出来老师是个中国通。萨金特接着说道："数据帮助我们考察一个地区生产力的增长，了解世界各地的制造业和工业的发展情况，以及这些发展对国家有什么影响，每一个地区每年的劳动力增长和就业，也能帮我们了解某个企业资金、资本的流动。"

老师的笑容越发灿烂了："如果把所有的这些数据都收集起来，总结成一个完整的体系图，然后从中找出固定的规律，并且试图让这些规律能印证未来经济的发展，这就是数学模型。请问一下，有没有学数学的同学，告诉我们一下数学模型是什么意思？"

王永军老师评注

把所有数据收集起来是不可能的，就算是花上再多的人力，再发达的科技，也无法还原一只鸡蛋的全部数据。

一个瘦高个站了起来，教科书式地回答："数学模型就是为了某种目的，用字母、数字及其他数学符号建立起来的等式或不等式，以及图表、图像、框图等描述客观事物的特征及其内在联系的数学结构表达式。而且，数学模型是建立在不同假设的基础上的，分为静态和动态两种。"

老师挥了挥手示意这个同学坐下："谢谢这位同学。我们看到数学模型的外貌，也应该注意数学模型的本质，那就是假设。然而经济是研究现实问题的，而假设似乎不成立，这就诞生了一个悖论，数学模型真的能用来表述经济的发展吗？"

"我一直认为，那会很困难的，而且首先经济模型得解决它的天敌。"萨金特老师转身在黑板上写上"奇迹"两个字。

教室里一阵骚动，毕竟这两个字实在是隐含了太多的煽动性，不过没人说话，大家都静静等待老师的解释。

"我来给大家举一个经济奇迹的例子，而且是大家熟悉的中国经济腾飞问题，从1995年开始计算，和更早一点儿的日本、韩国相比较，它们是从1980年开始计算的。看看这些国家一直在持续增长的经济指标。"老师变戏法一样掏出一张大纸。

张山由于坐得比较靠后，所以看不大清楚，只能看见上面有几张各种颜色的纸条。萨金特老师侧过身子，用手指在纸上边勾勒边解说道："这条线是人均生产总值，中国的可是远远高于其他国家的，这也是为什么经济学研究者会叫它奇迹。那为什么会发生这样的情况呢？哪一个经济模型都解释不了。"

萨金特老师的笑容很亲切，还做出引人思考的样子，实在是很可爱。他翻了一下手中的纸，指着背面说："这是我统计到的1990年至2000年的一个表格，这个蓝色的一直在持续上升着，可以看出，中国比美国发展得更加迅速，这真的是一个奇迹。"

老师不住口地称赞："来看一下这个表格，单位产量增长并不是很快，但是生产力的发展非常惊人，占据了极大的一个比率。这也是我们在中国看到的惊人奇迹，也因此产生了问题，就是生产力到底是什么东西？发展的原因是什么？生产力增长是怎样进行的？然而，没有任何一个经济模型能够说明这个问题。"

"股票市场上的指数变化表，是以秒为单位变动的，也就是说没有任何一个经济学家或者数学家能画出下一分钟股票市场的指数变化图，因为他们没有足够的模型空间来对股票市场的变化进行预测，然而大家熟知的是很多经济学家能预测到未来几个月，或者半年内的股市变化情况。

"这个与预测天气刚好相反，在短期内能知道会不会下雨，但是不可能知道未来几个月后的天气，就像天气预报专家说今年将是个暖冬，那肯定是一个笑话。"萨金特老师的笑容没有了，好像陷入了自己的世界。"一个模型，在各种数据的收集上非常准确，然而不能在任何小范围上进行预测，但是可以完美地解释未来的经济运行，即使是经济奇迹，经济学家也可以提出新的模型来猜测未来十年的发展状况……"

一个急性子的同学打断了老师的话："老师，请问一下您到底要说什么？到底能不能预测啊？"

"这位同学问得非常好。"萨金特老师一点儿都没有为被打断生气，依然笑呵呵地说，"我开始不是说了，有几个小问题想和大家探讨探讨吗？怎么可能给出标准答案呢？"

听到这里，张山都傻了："原来老师不是在谦逊，而是真的提出疑问来了。"他回头看看，发现其他的同学也是一脸的惊愕。

> **王永军老师评注**
>
> 这也是为什么真正理解经济学的人，从来不迷信专家的原因，因为关于未来经济问题的答案是不存在标准的。

经济学：理性还是感性

老师看到学生们的反应也是一脸惊愕，反问道："谁告诉你们经济学家或者老师就一定能给出正确的答案了？"

"拜托，这么多老师里最不靠谱的就是您了，好不好？"张山腹诽道。

萨金特老师接着解释说："我本来就不打算给大家标准答案的，因为我自己也不知道。好了，跳过这个话题，我们来进行下面一个有趣味的问题吧，经济学到底是理性的还是感性的呢？先问一个简单的吧！你们觉得经济学家应该是什么样的人？"

这个问题还是比较好回答的，因为在座的学生已经见识过不少经济学家了，很快就有一个女同学站起来回答说："我认为他们都很自信，知识渊博，非常严谨，目光长远，总之，给人可靠的感觉。"

"谢谢你的夸奖。"萨金特老师示意她坐下，说道，"我在这里无意炫耀，只是想说说发生在我身上的一些事情，让大家看一看，经济学的研究者究竟过的是怎样的生活。"

"有一次，记者问我，理性预期理论可否应用于对资产价格的预测。他的目的当然是希望我长篇大论，好让他能写出合格的稿件来，可惜我当时心情不好，所以只回答了一句：'因为市场价格集合了所有交易者的信息，所以很难预测股价、利率和汇率等。'大家是不是觉得这是个可悲的记者呢？

"还有一次，我回到母校——加州大学伯克利分校，并且受邀在一次毕业典礼上发言。当时我在想，今天的主角应该是学生和他们的老师，而且从很多年前起，我就讨厌仪式，那通常是官僚而又冗长的，我可不想浪费时间，所以我走上演讲台说：'我现在依然记得许多年前我从伯克利毕业时自己开心的样子，不过我觉得毕业演讲都太过冗长，这次我会言简意赅——经济学是常识的集合体。'"

教室里已经完全骚动起来，大家都在想这个老师实在是太有个性了，甚至有好些人已经开始宣称自己崇拜萨金特了。张山也在想："真是活得潇洒呀。"

不过老师并不在意学生们的反应，表面谦逊实际上自由而高傲的萨金特也不在乎任何人，只听他继续说道："我们再说一下经济学的问题。比如'在游戏或者经济的均衡状态中，人们会满意于自己的选择，所以好心的局外人不管怎样都很难改变事态的发展'，这个是博弈论的重要内容。然而，表面上非常理性的博弈论实际上是感性的东西。因为在未来你也会对局外人的激励做出反应。这也是无论是经济学还是生活中，有些承诺你必须遵守的原因。而且大部分时候，没人会相信你的那些承诺，比如'我爱你一生一世'，因为人们都了解，以后履行这些承诺可能会不符合你的利益。总之，我们要学会的是，在承诺别人之前，想想如果自己的情况有所转变，还会不会履行当时的承诺。"

"让我们回到上一个话题，说到经济预测的问题。如果从理性的角度分析，

经济学中的"感性"事件

经济学的终极目标是让学习者成为一个理性的经济人,即在经济活动中,做出对自己最有利的选择,然而大部分情形下人们无法做到这一点。

比尔·盖茨捡钱
世界首富比尔·盖茨每秒钟有几千美元的收入,现在假设他脚下有一张一百美元的钞票,那么他会不会花上3秒钟弯腰去捡起这笔钱呢?

满意比最佳更重要
最佳原则,实际是效用最大化原则;满意原则,实际是价值最大化原则。满意的"意",可以理解为意义、价值。满意,就是对意义价值的满足。最典型的就是有钱与快乐的关系。一种观点认为,有钱与快乐是一回事,有钱就一定快乐。另一种观点认为,有钱不等于快乐,快乐高于有钱;反对为生产而生产,要求明确生产目的,并通过信息化,实现信息对称,从而达到实现目的与符合目的的统一

"浪费"让人快乐
经济学要求的是每一份资源都运用到极致,而且再生产必须不断扩大。然而人们会拿上大部分的收入放在一些毫无意义的事情上,比如电影、音乐,而且把"浪费"的部分越大看成生活水平越高的体现,也就是说"浪费"让人们更有成就感

一个不能预测下一秒发生什么的经济学家怎么能从理论角度来预测下半年将要发生的事情呢?**总之,预测对经济学家来说,是一种感性的猜想。**至于证明自己正确的事件,都是在未来获得的。当然,如果未来证明这位学者的猜测不准

王永军老师评注

经济学是老天在掷骰子——你甚至不知道老天到底掷没掷骰子,更别说结果是几了。

确,那么他曾经猜测的声音就会消失。"萨金特老师好像特别高兴揭经济学的内幕,所以一直笑着。

而同学们则彻底被"雷"到了,因为老师的话实在是颠覆经济学。

"如果你想问我经济学家到底能做点儿什么,我们只是理论型的经济学家,通过关注那些数字,来尝试找出发生了什么。这是我曾经对另外一群记者的回答。总之,我们要注意这几个重点,'尝试''发生了',这是经济学家真正能做到的事情。"萨金特老师说。

未来可以预测吗

"老师,您说经济学不可以预测未来,那么凯恩斯的国家经济主义是怎么回事呢?他的做法明明能控制未来十几年后的经济发展啊!"提问的学生很明显是凯恩斯的信徒,所以对萨金特一点儿都不客气。

教室里一下子紧张而兴奋起来,能亲眼看见其他经济学家评价凯恩斯实在是太难得了。

萨金特老师的风度很好,并没有生气,说道:"谢谢这位同学。我个人也很喜欢凯恩斯先生,而且也承认他的伟大,凯恩斯拯救了资本主义。凯恩斯学说的核心在于面对经济萧条、消费不足的时候,政府应该果断采取扩张性的经济政策。通俗的解释就是雇一批人无所谓地'挖坑'——政府欠账,第二天再雇另外一批人'填坑'——政府接着欠账,这样GDP就上去了,居民的收入因此提高,消费也就增加了,政府从活跃的经济中收税还账,最后,危机因此得以解决。"

"这实在是很美妙的做法。"萨金特老师的笑容非常诡异,接着说,"但是问题来了,居民和企业家凭什么要相信这种游戏呢?难道他们不知道'挖坑'与'填坑'的工资表面上是政府发的,但是实际上都来自于他们缴纳的税,也就是从国民收入中扣除的?而且如果让人们知道了这把戏的真面目,国民收入并没有增加,只是从居民的口袋流入政府的口袋再回到居民的口袋,还有多少企业愿意

经济危机之下的感性

在经济危机状态下，人们感性地去相信多出的"纸币"，扩大生产，创造财富。

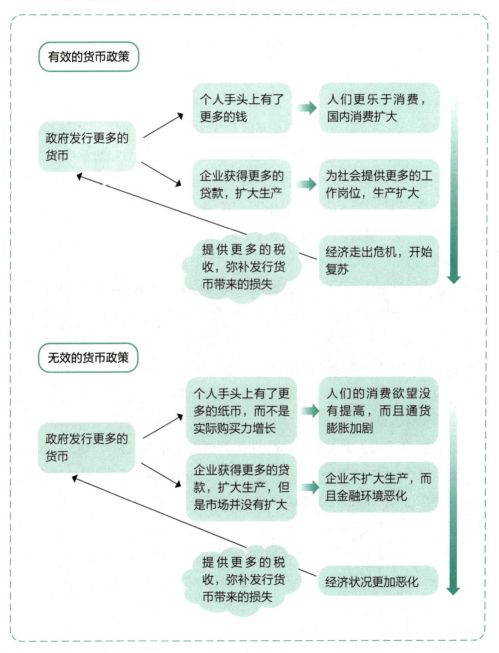

去扩大生产，有多少居民敢去消费呢？"

"老师，不可能每个人都是经济学家，而且在经济活动中，每个人都是感性的。"那个学生反驳道。全班同学听见后都发出善意的笑声，张山也边笑边想："真是拿托马斯的矛，攻萨金特的盾啊！"

萨金特老师宽容地笑着说："事实上，无论是政府还是个人，做出的所有关于消费、投资与储蓄的决策，都不是针对过去和现在的，而是希望能看到一点未来的发展轮廓。事关未来的决策，所有居民和企业家都需要对经济变量和经济政策未来的走向进行预期，并且在这个基础上进行决策。"

"那么，什么才称得上理性的预期呢？我刚才说过预期在经济学中都是感性的。是每个人尽可能收集所有的信息，并且妥善地处理分析这些信息，目的当然是未来时间里的利益最大化。也就是说，我们能做到的不是一个正确的预测，而是一个开放式的预测，并且随着经济的发展不断对这个预测进行修正。

"回到凯恩斯身上，如果引入理性预期，面对经济政策和危机，我们就可以得出与国家经济主义完全不同的答案。一国的经济出现了衰退，于是政府根据凯恩斯的学说，大幅度扩大货币供应，实施扩张性的货币政策。如果企业与居民预期整个社会的物价水平即将上涨，那么即使上调工资，改变的也是名义上的工资与价格，而实际工资的实际购买力并没有改变，所以实际上社会的总需求也没有增加。总需求如果不改变，那么整个社会的生产就不会扩大，也就是对经济的好转其实并没有起到积极的作用。"

"当然，也许有人会认为，如果企业和居民不能对这个进行预期，例如，政府毫无预警地增加货币供给，导致在短期内企业和居民没有预期到货币政策的变化，这样会让居民误认为自己的真实收入增加了，企业误认为市场对商品的需求增加了。这样 GDP 就提高了，失业率降低了。但是，这只可能是短期的效果，人们产生的经济效果很快就会被通货膨胀给抵消掉——短期内发行巨额的货币，肯定会导致通货膨胀这个长期后果。"萨金特老师的语气很促狭。

流水不腐，户枢不蠹

教室里的气氛实在是很压抑，张山忍不住了，站起来问道："老师，按照您的说法，是不是意味着我们对经济危机没有任何办法啊？"

萨金特回答说："没有啊，我并没有这么说，只是摆明我的观点，至于是否正确，不是我的问题。""又是这种态度。"张山心里暗骂，但是也不得不承认萨金特老师的做法非常有魅力。

萨金特老师的话

许多事情可遇而不可求，个人和集体会面临权衡取舍，平等和效率之间也面临权衡取舍，别人对自己的能力、努力和爱好比你了解得要多。

"我们跳过预测这个话题，回到预测的本质上，那经济为什么这么善变呢？"萨金特老师问道。接着自己回答说："因为经济是一个流动的系统。先说系统，现代社会经济活动是一个极为庞杂的系统。人们为了满足生活和生产的需要，不断地消费着各式各样的物质资料，同时也有无数的工厂或其他制造系统不停地生产和制造人类所需的物质。在生产和消费的循环过程中，消费者如果不能得到所需要的物资，社会经济将会发生紊乱；生产者只有将产品转移给消费者才能实现产品的使用价值，同时可以获得效益，使劳动组织者的各种劳动消耗得到补偿，只有这样才能有条件组织再生产。因此，在生产和消费之间必须建立通畅的渠道，这就是流通。"

"中国有句俗话'钱能生钱'，就是这个道理，而且随着经济水平的提高，人们的物质生活需要多样化，伴随着生产规模大型化，分工专业化，商品的经济圈也越来越大，并走向国际化。所以流通的程度、范围、内容和影响越来越大。"说到这里，萨金特老师转身在黑板上写上四个方方正正的大字"户枢不蠹"，随后解释说："这四个字和流水不腐连起来的意思就是，只有流动、运动的东西才能够生生不息。这句哲语充分揭露了经济的本质意义，那就是流通带来一切效益。当然，要记住的是，生产是流通的物质基础，没有生产就没有可供流通的商品，也就没有源源不断的经济流。反之，流通也有莫大的反作用。可以说，流通的状况制约着生产的规模、范围和发展速度。对生产者来说,商品要进入市场,只有通过流通领域才能到达消费者的手中,被生产出来的商品才能实现其使用价值。而如果流通不畅,生产者就不能得到生产时的价值,也就失去了进行再生产的基础。如果销售不畅的商品越多,那么生产者蒙受的损失也就越大。"

"另一个方面,生产所需要的原材料也要通过流通领域才能获取,流通不畅,不能及时得到原材料,生产就会陷入困境。有时候,因为信息流通不畅,生产者可能买下信息不对称情况下的高价原材料,让生产成本上升,生产者也会因此陷入经营困境。"

说了这么多话,萨金特老师明显累了,他休息了一下,接着说:"流通的作用大家在经济学的学习中肯定已经意识到了,我在这里特地强调一下,是因为我认为流通对中国经济的现状是非常重要的。"

这句话显然很提神,学生对实际的问题往往比对理论更感兴趣。

"我很喜欢中国这个古老而又新生的国家,也喜欢被人称赞为中国通。"萨金特老师边笑边准备离开,最后说:"中国已经建立起了相对完整的社会主义市场经济体制,流通对生产的影响日益明显。物流行业在中国长足的发展就是最好的证明。"

萨金特老师推荐的参考书

《理性预期与经济计量实践》 托马斯·萨金特著。书中作者第一次详细揭示了经济计量和预测的过程。阅读此书,可以尝试用数字来分析经济现状。

《动态宏观经济理论》 托马斯·萨金特著。萨金特时代面临着传统宏观经济学解体的困境,本书拯救了传统经济学。萨金特在书中用动态经济学概念描述了新的经济学体系,对现代经济学有着重要的意义。

第十一堂课

谢尔曼老师主讲"周期"

> 经济在发展、衰退、危机、复苏四个过程中周而复始。

霍华德·谢尔曼（Howard J. Sherman）

美国当代经济学家，2004年曾获得凡勃伦－康芒斯奖。霍华德对经济学作出的最大贡献就是提出了明确的经济周期概念，在各种因素的综合下，让人们能够正视经济的倒退和萎缩。

春种就一定会有秋收吗

讲台上的灯突然大亮了,大家才发现,原来老师一直坐在那里。只见一个浑身上下穿着黑色袍子,头上戴着一顶黑色帽子的人缓缓地站了起来,那顶帽子遮住了他的大半个脸,所以大家根本看不出他是谁,只听他开口说道:"我是霍华德·谢尔曼,今天晚上为大家讲课。我本来是不愿意为你们讲课的,所以你们最好老实点儿。"说完,老师稍微提了提帽子,两点香火一般的目光在教室里巡视。

张山一看,心里琢磨,这位生活在新世纪的经济学家怎么穿着打扮比中世纪的人还古板,浑身上下都透出无可比拟的神秘。其他人也多和张山心思一样,大家都不说话,看来都被老师强大的气场"压住"了。

"马克思辩证唯物主义哲学认为,世界是由矛盾组成的,世界的发展就是其矛盾的运动过程,世界上没有一成不变的事物,任何事物都是运动、变化、发展的,都有其发生、发展和灭亡的历史,都有自己的过去、现在和将来。发展只是旧事物的灭亡,新事物的产生,是由量变到质变,由简单到复杂,由低级到高级的螺旋式上升和波浪式前进的运动过程。"谢尔曼老师很显然把这当成一场梦,并不大在意学生们的反应。张山忍不住了,站起来问道:"老师,我们上的是经济学的课,而不是哲学。"

"这个梦,还是奇怪啊,真实得让人怀疑它是个梦。"谢尔曼老师明显愣了,然后接着说,"哲学是一切学科的基础,如果要想学好经济学原理,不理解哲学就不能彻底把握它。而且,你们作为我的梦中的一部分,是不是表现得太过于嚣张了?"

"好了,我还是赶紧完成任务,从这个梦中出去吧。事物发展经过两次否定,完成一个周期,到了否定之否定阶段,就呈现出螺旋式的上升运动。这说明事物发展的总方向和总趋势是前进的、上升的。从宏观来看,经济发展过程就是供给与需求的矛盾运动过程,两者的彼此消长,使经济发展呈现出周期性的特

王永军老师评注

我国古代人也认识到经济周期带来社会循环国家兴亡问题,但他们无法解释,只能总结为天下分久必合,合久必分。

征。世界上研究经济周期特征的经济学家有很多，也形成了很多理论，诸如纯货币理论、投资过度理论、创新理论、消费不足理论等。"虽然谢尔曼老师可能是在做梦的时候来到这个讲堂上课，但是一提到经济学，就进入了忘我的状态，自说自话了。

他首先阐述了经济周期理论的大框架："内生的或内部的因素是资本主义经济周期的主要根源，消费、供给和成本等一系列经济因素让利润变动，最后带来经济大环境周期性恶化的循环。"

一个学生举起手。谢尔曼让他站起来，但是并不让他开口，接着说："我知道你想问什么，你肯定想知道为什么说经济是循环的，为什么经济以及建立在经济基础上的一切都在进步，而不是原地踏步，是不是？"那个学生满脸惊愕，不由自主地点了点头。"记住，任何循环都不可能是环形的，而是螺旋形的。经济危机虽然可能让经济总量下降了，但是因为之前留下的痕迹——技术、教育、经验、机器、厂房——在复苏的时候，就能完全恢复过来，而随后的发展则是经济的新进步。所以表面上的循环，实际上是在进步。"

老师回答了同学们的疑问，接着陈述自己的观点："经济周期可以定义为，经济活动的扩张与紧随其后的经济活动的收缩两者交替，简单来说就是发展、衰退、危机、复苏四个部分。不过因为经济政策、先天因素等各种要素的差异，虽然周期的四个环节谁都避免不了，但是每个周期本身却不同。"

老师随后在黑板上画了一道波浪线，指着黑板问道："这是什么？"同学们稀稀拉拉地发出了"波""曲线"等声音，老师很满意，接着说："对，就是波。从简单的物理学我们可以知道，波是有周期的，波的周期长短就是波长。在经济学上也是这样，根据波的长短，可以把经济系统划分为这么几大类。"

突然，老师话锋一转："你们怎么不记笔记呢？"声音还是那么直，不带一丝情感的波动，依然透出神秘的气息，直到看到大伙儿都拿出笔记本和笔，他才笑了一下，接着说：

"第一种，短波周期理论，最早是在1923年由美国经济学家基钦（Joseph Kitchin）提出来的，所以又叫作基钦周期。这种经济周期长度为3~4年，通常

四种经济循环

多种经济因素的影响让经济周期循环呈现不同态势。

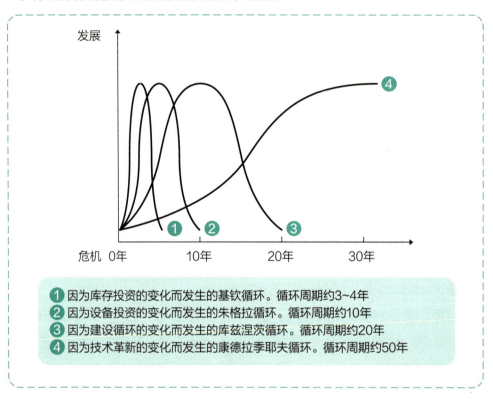

① 因为库存投资的变化而发生的基钦循环。循环周期约3~4年
② 因为设备投资的变化而发生的朱格拉循环。循环周期约10年
③ 因为建设循环的变化而发生的库兹涅茨循环。循环周期约20年
④ 因为技术革新的变化而发生的康德拉季耶夫循环。循环周期约50年

表现在一些主导经济命脉的国家产业上,不过通过短波周期的确定,可以让人们更好地理解经济的总循环。

"第二种,中波周期理论,是由法国经济学家朱格拉(Clement Juglar)在1861年发现的,因此这种理论也被叫作朱格拉周期。这种经济周期的长度大部分为10年,而且在这个10年的波动间隔中,通常由2~3个小周期构成。这种复杂的循环方式最主要表现在金融信贷产业上,比如第一次世界大战后全世界的银行信贷也获得大发展,体现出来的经济波动就是这种中波周期循环。

"第三种,中长波周期理论,也称库兹涅茨周期,是1930年由美国人库兹涅茨(Kuznets)提出来的。这种中长波周期大概为20年,研究的着眼点就在于与建筑产业有关的因素，主要的研究课题是建筑物的使用寿命，人口的基数变动，铁轨、公路等交通网的形成和建筑技术的革新等，主要关注的都是一些国家最重要的命脉产业。

"第四种，是波动长度为50年左右的长期循环理论，这种理论是1925年由经济学家康德拉季耶夫（Nikolai D. Kondratieff）提出来的，当然也叫作康德拉季耶夫周期。相对来说，这种长波周期争议比较大，因为本身长达半个世纪的经济猜测和总结就是比较难以证实的，而且这种长期循环，关注的是人口的增加、地理上的新发现、新技术的开发、新资源的开发、战争等因素，而且人们普遍认为技术进步和革新是产生长波周期的主要原因。但是技术是一直向前发展，本身不存在波动下降的情形，所以很多人也因此认为这种长期循环实际上并不成立。

王永军老师评注

长期循环缺乏历史依据，而且根据理论，只有在大国和长期和平下才能成立。

"不过，人们也同样不能证非，历史上有三次最好的证明：第一个长周期为1780年至1842年，是第一次工业革命时期体现出来的；第二个为1842年至1897年，是所谓的'蒸汽和钢铁时期'；第三个则是最长周期，也就是1897以后的第二次工业革命时期，整个世界的经济在疯狂地增长着；而如今，我们进入了新能源技术、海洋技术和信息革命的时期，产生了新的、大的技术创新的机遇。不过，想要总结五十年一次的经济波动，很显然是不容易的，所以这个超长的周期波动是否存在一直受到质疑。"

老师一边说，一边在黑板上画出波长长短不一的曲线，并随手写出一串串字母，有法文、英文还有俄文，让人不禁佩服起这位神秘的经济学家的博学和好记性来。

教室里一片安静，大家都在默默地理解着老师所讲的四种循环，并期待着他做进一步的解释。

不过很显然老师不在乎这些，依然沉浸在自己的"梦中"，他说："总之，经济周期是事物发展周期性特征在经济发展中的具体表现，但事物的发展不是简单的循环，而是螺旋上升，经济发展的周期性都是在技术创新的基础上螺旋上升的。"

张山心想，这个老师上课还真是没有趣味啊，不过依然努力消化着老师给出的每一个信息。

"最开始的时候，我说过循环上升的问题，是不是经济一直在向前发展，而也不会大幅地衰退呢？"老师自问自答地说，"世界上从来不会出现美好的东西，经济的衰退和危机也是一样。在经济循环周期中，也会出现负增长现象。也就是说，再大的危机，对经济总量来说，也是维持在不变的水平上，但是特殊的现象就是整个经济的倒退。"

"第二次世界大战前的欧洲，整个工业都在倒退，最后不得不用战争来解决经济衰退问题。"老师开始总结道，"总之有两点，一是第二次世界大战是不可避免的，是由经济因素决定的；二是经济也一样，不进则退。"

成本和利润的构成

这时，一名同学又站起来说："老师，难道我们面对这种周期危机毫无办法吗？有没有办法可能让经济发展跳出这个周期怪圈呢？"

谢尔曼老师高兴地说："这位同学对经济学的敏锐性实在是高。我也正要说这个问题，或者说大部分经济学家在发现周期循环之后都希望能有一种方法来跳出这个怪圈。"他香火似的目光又在教室里"巡逻"了一遍，认真地说："但是很遗憾地告诉各位，不可能。"

教室里骚动起来，虽然没有人大声说话，但是大家的眼神里都透露出疑问。

"为什么复苏会导致积累性的扩张？是成本和利润。"谢尔曼老师在黑板上写下这两个词，说道，"先来重复一下这几个名词。需求等于实际投资通过乘数减去加速的累积效应迅速增长额。成本随着国民收入增长和失业率逐渐降低而上升,但是生产率因为对技术、劳动率的利用提高而上升,从而使劳动份额下降。在经济长期萎靡的状态下,因为人们长期得不到足够的产品,所以总需求迅速上升,产品价格不断上涨,但同时产品单位成本因为大量失业率的存在,劳动力数量富余,价格降低,所以成本增长缓慢。此时,利润空间因为需求和成本之间巨大的差距而扩大,经济开始复苏和发展。"

"当经济发展一段时间之后,又是什么因素导致衰退和危机呢?同样是成本和利润。此时的消费需求是这样发展的:因为劳动份额的下降,平均消费倾向在饱和后开始下降,而实际消费需求和国民收入的增长都慢慢饱和,市场发展速度因而逐渐放慢。生产率在经济复苏阶段增长迅速,而发展一段时间后生产率稳定起来,而此时生产技术和劳动力都逐渐达到充分利用程度,所以各种熟练工人慢慢增多,不断扩大的消费需求让他们对工资的要求更高,所以产品的成本在稳定后提升很快。影响利润的因素很多,一方面利润份额减少,不过最主要就是因为消费缩减和成本提高让利润空间缩小。在经济发展的高峰阶段后期,如上所说。"老师转身在黑板上在波峰最高的地方点了一下,接着说,"最开始时是一些生产技术含量不高的行业开始衰退,而后就是所有利用劳动力比较多的产业开始衰退,最后这些衰退慢慢积累,而且所有的行业,都因为其他行业的牵连而受到影响,即使生产技术发展再快的产业也无法幸免,这就是经济危机的开始,到最后生产技术完全得不到进步,利润失去了所有的空间,生产完全失去动力,人们大量失业,这就是大萧条。

"是不是觉得很悲哀?不过各位不用觉得难过,因为成本和利润这两者的变化同样会引起经济的下一轮循环。在经济萧条的后期,实际消费需求的下降速度(大部分的人没有足够的钱来购物),和产品价格的下降速度(因为资本家在利润萎缩到一定程度时,宁愿销毁商品也不愿它流入市场)逐渐放慢。而此时,连锁效果开始反应,所有行业的原材料价格下降到历史的最低水平,而且在<u>高失业率的威胁下</u>,上班的人更加努力而且

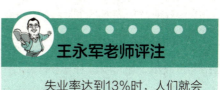

王永军老师评注

失业率达到13%时,人们就会感觉危机。

要求的工资更少,所以工资成本下降。这样的话,商品的成本下降到足够低的水平,最后扩大了利润空间,然后经济就开始复苏。"谢尔曼说。

老师的长篇大论让教室里变得很安静。张山也在心中总结着老师的话:"成本下降,经济开始发展,到一定程度后需求减少,经济就开始萎缩。难道就没有特例吗?"

老师很显然看出了同学们的心思,苦笑了一下说:"对这种现象的解释,中国有句老话是怎么说来着,成也……"谢尔曼老师拍了拍自己的脑袋,下面有同学迅速补上一句话:"成也萧何,败也萧何。"

"对,就是这句话。成本和利润之间的变化既推动了经济向前发展,也给经济带来了危机和衰退。"老师又在黑板上写上"生命成本"四个字,接着说,"虽然从总体上来说,是这么一个毫无新意的过程,但是实际分析的时候是非常有意思的。刚才我再三提到循环过程中的劳动力成本问题,这个叫作生命成本。我们先说说这个生命成本。"

"生命成本的定义是:消费者为了获得一定的工资收入而不得不以生产者身份,在一定时间内不断支出的自己的体力、脑力等的综合。为什么我在这里要使用生命成本而不是一般的成本概念呢?为什么不用劳动或者劳动力来代替呢?

"主要有两个目的,一是为了揭示'消费'和'收入'的真正本质是付出代价,生产者和消费者的纽带是生命付出;二是追寻价值形成的原始起点,在生产过程中的所有成本支出中,归根结底都是人们生命的支出。举个例子,一个钢铁厂生产多少吨钢铁,其实都有人的生命支出,即工人的辛勤劳动,和管理者的努力管理。也许你会认为原材料铁矿石和电是原材料支出,其实不然。铁矿石和电其实支出的都是上游企业的生命成本。所以,你也看到,我在分析经济循环的时候并没有提及原材料,而只是分析劳动力价格。"

"这里有另外一个问题,就是生命成本的质量问题。量好理解,就是能用来生产的数量,除了人口外还有工作年限等,比如男人65岁退休,女人60岁退休,很显然,男人生命成本支付的量就比女人的大。而质则不怎么好理解,因为人们支出的都是无差别的劳动。是不是这样的?"老师问道。

同学们异口同声地回答"是"。

"然而真是这样吗?假如说美国总统每个小时的劳动价值和一个普通工人的劳动价值相等,你信吗?"老师接着问。

这次答案不一样了,有的人认为是,也有的人觉得本来应该不一样。

不过很显然,老师新引入这个概念让简单的周期问题变复杂了,同学们脑袋上开始冒星星了,而谢尔曼老师也没打算深入,笑着说:"我认为,经济学家关于生命成本的质的问题,都有着自己的看法和目的。在我看来,生命的质本身是有差别的,换句话来说,有些人的人生会比另外一些人更有意义。好了,跳过这里。"

"我讲述生命成本这件事是想告诉各位,在具体的经济分析中,周期是一个非常复杂的概念,虽然是成本和利润带来的变化,但是并不意味着,你知道了成本和利润率,就能预言经济什么时候会出现危机,或者猜测未来的几年里经济会怎么发展。"

垄断等于利益最大化吗

谢尔曼引出了一个新问题:"经济周期循环是利润问题引起的,于是有很多人认为,是不是垄断或者国家操作就能避免周期循环呢?"

大家的心思重新聚集起来,垄断总是同学们感兴趣的经济课题。

"垄断的时候,利润是最大的。凯恩斯先生认为国家作为可以避免这种周期的循环,不过他的国家作为论不过是将垄断推到一个新的高度。"谢尔曼老师徐徐地说。

王永军老师评注

垄断集团是新时代世家,他们通过财富延续着世家。

张山注意到,有几个学生在偷笑,看经济学大师互相攻击确实是一件非常有意思的事情。

"由于垄断者是其所生产产品的唯一卖者,因此,垄断者直接面对整个市场,

换句话说，他将面对向下倾斜的市场需求。 而买方人数众多，因此是竞争性的，也就是说，买者是价格接受者。因此，卖方可以通过控制产品价格和产量来最大化自己的利润。"谢尔曼老师转过身来，背对着学生开始讲解，并一边在黑板上书写公式。

"垄断者总是让边际收入无限接近边际成本的情况下来确定自己的产量。这句话的意思就是，垄断者会根据单位利润水平来决定自己的产量。当某种商品的单位利润水平很高时，生产者会扩大生产，但肯定不会让这个过程持续下去，因为扩大生产就是让产品的需求发生变化，利润水平就会下降。这里就得出一个结论，如果一个小生产者发现生产6个面包赚15元，而生产8个面包则能赚取利润16元，虽然平均利润下降，但他会扩大生产；但是如果一个垄断者生产6亿个面包获利15亿元，生产8亿个面包获利16亿元的话，垄断者不会去争取拿多出来的1亿元，也宁愿2亿人没有面包饿肚子。"

张山的脑袋上又开始冒星星了，觉得自己的数学底子实在是太差了。而谢尔曼老师也叹了一口气，说："数学不好，是无法成为经济学家的。"接着他语气一转，"我们刚才说的是理论，那么在实际上发生了什么事呢？"

"垄断是自由竞争发展的必然结果。在以自由竞争为基本特征的市场中，如面包市场是由一亿个小生产者构成的，这些生产者为了获取更多的利润，必然会采取最先进的生产技术和各种能促进生产的管理方法，实行生产的分工和专业化，来提高自己的个人劳动生产率，也就是尽可能地多生产面包；在激烈的竞争中，大企业往往凭借自己在资本上和技术上的优势，不断排挤和吞并个体企业，让生产资料、劳动力和商品的生产日益集中在自己手中，也就是说大生产家们更在意的不是通过生产扩大来获取利润，而是通过联合、打压、操纵价格的方式来获取更大的利润。

"在垄断形成的过程中，金融信贷制度的发展和股份公司制度的广范围分布，突破了个体资本的局限性，让资本能更加集中，最后造成了生产和资本的集中。而这种集中发展到某种程度，就意味着企业数目会越来越少。当某个部门的大部分生产都集中在几个或几十个大企业手中时，它们之间比较容易达成协议，共同操纵部门的生产和销售，从而使垄断的产生具有可能；由于少数大企业的存在，中小企业处于受支配地位，少数大企业之间为了避免在竞争中两败俱伤，保证彼此都有利可图，也会谋求暂时的妥协，达成一定的协议，从而使垄断的产生具有必要性。自由竞争引起生产集中，生产集中发展到一定程度必然走向垄断，是自由竞争的资本主义发展到垄断资本主义阶段的一般的、基本的规律。"

学经济学的同学坐不住了，站起来问道："老师，您说的这个是垄断的发展，并没和利润以及周期有多大关系啊？"

"是的。"大家甚至能看到谢尔曼的帽子都在抖动，"在这个过程中，经济危机或者说黄金发展期出现了好多次，可是这一切和垄断的发生没有任何关系，垄断在危机时获取自己的利润，在发展期获得更大的利润。就是说，周期和垄断无关。"

谢尔曼好像突然想起什么事，说："时间到了，我有事先走了。"说完，他什么都不管，径直从教室门口出去，消失了。

学生们大眼瞪小眼，虽然老师讲得很好，但是谁都想说："这真是一个不近人情的怪物啊！"张山边想边收拾东西："周期确实是个有趣的话题，至于谢尔曼，以后……"

谢尔曼老师推荐的参考书

《经济周期》 霍华德·谢尔曼著。他通过对几百年的经济发展事实的研究，总结出经济发展的周期规律，指出经济避免不了衰落和危机，而经济的复苏和发展也是有着周期性规律的。这本书可以让人们正确认识经济波动。

第十二堂课
蒙代尔老师主讲"危机"

> 公司只是一个过程,所有的国家都要用到它。

罗伯特·蒙代尔(Robert A. Mundell, 1932—2021)

经济学家,"最优货币理论"奠基人,被誉为"欧元之父",曾经因为"对不同汇率体制下货币与财政政策"和"最优货币流通区域"所作出的杰出贡献获得1999年的诺贝尔经济学奖。他在世界各地都广泛讲学过,曾经到过中国演讲。

我们需要什么样的经济学

和往常一样,老师悄无声息地走上了讲台,开始自我介绍:"大家好,我是罗伯特·蒙代尔,大家可以叫我罗伯特或者蒙代尔先生,希望能与各位度过一个愉快的夜晚。"

"我曾经听过他的演讲。"那个学经济学的同学又在对周边同学卖弄了,张山也听到了,"讲得可好了,不过当时用的是英语。这个老头挺逗的,绰号'欧元之父'。"张山一听,当时就来了精神,从上一个老师无聊的讲述中缓过来,期待着这个"欧元之父"的课程。

"虽然我也不知道为什么在这里讲一堂课,但是我可不像谢尔曼那个偏激者一样抱怨,所以我们好好相处,大家加油哦!"老师说完还笑了笑,顿时让张山觉得这个老师很可爱:胖胖的脸上有几处皱纹,很干净,头发梳得十分利落,前额有点儿秃,但和他的年纪相比,一点儿都不明显;黑色的西服套在微微弯曲的腰背上,和高昂起的头构成滑稽的画面;笑容在脸上绽放的时候,显得那么友善……不得不说,这个老师年轻的时候肯定是个美男子。

"可能在座的各位听过我名字的,期待着我讲一下欧元的问题。"老师依然在笑,"但是任何事都应该水到渠成,我想说的第一个问题就是我们需要什么样的经济学。"

老师挥了挥手,加重了自己的语气说:"换句话说,也就是我们之前学习到的经济学有用吗?我们在数据、假设中去观察实际经济运行有用吗?经济学家真的知道未来10年的经济发展状况吗?推而广之,你们在这里听我们这些经济学家讲课,真的有利于改善你们的经济状况吗?"

这一连串的问题,让教室迅速安静下来,"难道这个老师要推翻所有人?包括他自己?"这个疑问让所有人把目光集中在这个老师身上。老师要的就是这种效果,他非常开心地说:"鉴于以往规律,我们举一下谢尔曼老师的例子。请大家翻开笔记。"

教室里响起一阵翻动笔记本的声音,在这里老师不停顿地说:"谢尔曼先生的周期理论很精辟，但是它有一个前提，或者说有几项前提——基本理论假设。"

"第一，投资是解释周期性上升和下降的最关键因素；第二，投资多少由预期利润率决定，而不受别的因素影响；第三，利润是总需求的函数也是成本因素的函数；第四，需求可以明确地分为消费、投资、政府和净出口四个项目；第五，成本可以概括为活劳动的成本、不变资本的成本（厂房、设备和原材料）；第六，一个国家的经济收缩原因主要是内因，源于有限的需求及上升的成本；第七，一个国家的经济扩张原因也是内因，源于下降的成本及上升的需求；第八，其他关键性因素在于垄断、金融、外贸和政策，剩下的因素忽略。你们所做的笔记中是不是这么说的呢？"

"老师，没有。"几个学生拖长声音，阴阳怪气地回答。

老师明显愣了一下，说道："反正他的理论是这样假设而来的，也就是说，他的经济理论是建立在假设的基础上的，但是同学们，从你们自己的经验就可以知道，这众多苛刻条件下的假设是不可能成立的。"

上节课中和谢尔曼老师顶牛的那个学生，这次又站起来为谢尔曼老师辩护了："但是，和物理学一样，假设中的质点、没有任何其他因素影响，并不妨碍得出科学的结论，经济学也可以啊！"

老师还是笑："物理学上把一个小木块想象成一个点，差距不大；但是经济学上，我把你口袋里的钱，想象成我的，好像你会不怎么乐意哦？"

"老师，那是劫匪经常想的事。"另外一个同学插话道。全班响起一阵善意的笑声，开始的那位同学也笑了笑坐下了。

蒙代尔老师也在笑，边笑边说："任何道理都没有一成不变的，假设对物理学成立，对经济学不成立。"他回身在黑板上写上"假设"两个字，又接着写"静态"。"经济学的另外一大弊病就是模型的问题。很多经济学家都有着深厚的数学功底，他们设计出复杂的模型，把整个经济系统设想进去，认为经济将会按照模型设想地运行下去。当然结果准不准我们难说，就这个模型本身，如果你的高中数学能考 140 分都没法看懂，是不是？"

"是。"张山发现全班 99% 的同学都表现得很激动，自己当然也是对一连串的经济数据、公式反感的一员。

"不仅是数据的庞大，公式的复杂，最重要的一个弊病，就是所有的模型假设都是静态的。"蒙代尔老师的脸上浮现起奇怪的笑容，"真正解决这个问题的是蒙代尔－弗莱明模型。"

很多人发出善意的笑声，毕竟每个经济学家都在贬斥别人的同时不会忘记强调自己的贡献。

"这是一种全新的动态模型。"蒙代尔老师沉浸在自己的年轻时光中，"我在20世纪60年代的时候，把我的精力都投入到这个动态模型中。"

"这个模型扩展了外部条件，通过对开放经济条件下不同政策效应的分析，试图来演示资本自由流通和汇率制度对一个国家宏观经济的影响。当然，我的目的是想要证明固定汇率制度下经济的可预测性，政府采用的货币政策在固定汇率下对刺激经济其实毫无效果，而在浮动汇率下则能取得良好的效果；而财政政策在固定汇率机制下无法对经济产生很大的刺激作用，而在浮动汇率机制下，这种刺激往往可以忽略。也就是说，这个动态模型试图证明任何经济理论和经济政策都是局限的、特定的。"

"我把我的例子告诉大家，"蒙代尔老师眼光熠熠生辉，"意思是，任何经济概念都是有限的，对经济学有一定作用，但是绝对没有各位心中想象得那么大。"

"我为大家讲一个笑话吧。一个教股票学问的老师，炒股赔了很多钱；而另外一个在他课堂上听课的学生，在他的理论指导下，赚了很多钱；最后老师不得不向学生借钱好让自己的炒股事业继续下去。哈哈哈。"蒙代尔老师笑得很夸张。

但是同学们反应不大："这种事情听得多了，哪一点好笑了？"

"是那位老师对股票、经济学的理解不如学生吗？很显然不是，但是输赢依然是这么冷酷的结局。"看见同学们无动于衷，老师只好收敛笑声，继续说道，"就算你是一个大经济学家，但是理论只能是理论，一个极为细微的数据差异，就能导致不同的分析结果。"

"悲哀的一点就在这里，经济学往往作为一门分析、总结的学科存在，能做到的就是一旦出现经济状况，做出细微的调整，任何情况下都成立的经济学公理。各位一定要记住，学习经济学只能让你对各种经济现象的理解更加透彻，而不能让你预言未来的经济发展，更不能让你的钱包在一夜之间鼓起来。"

教室里一片寂静。张山心想："这个老师肯定年轻的时候很穷，促使他把经济学学到骨子里去了。"

宏观经济学过时了吗

"我刚才说到经济学的模型和预测的无力问题。"蒙代尔老师从自己的亢奋状态中缓过来，接着以冷静的声音讲课，"这些工作都是宏观经济学的内容，那么是不是意味着宏观经济学没有作用，或者说宏观经济学过时了呢？"

"第一个问题，宏观经济学的奠基者是谁？"蒙代尔老师开始发问了。

"是亚当·斯密老师。"学生们很快做出反应。

"是伟大的经济学家亚当·斯密先生。宏观经济学体系的创建到今天已经有将近300年了，然而它遭遇了很大的危机。"老师并不转身，手在黑板上随意画出一个大大的问号，"主流的宏观经济学总是受到各种批评、质疑，一而再、再而三地采取鸵鸟政策显然不合适，最优策略是采取暗度陈仓式的渐变。批评者对宏观经济学的指责主要集中在以下三个方面。"

"一是宏观经济变量应该规范。宏观经济学里随处可见公式 $Y=C+I+G$ 或者简化公式 $Y=C+I$，这个 Y 究竟是国民收入、国民净产值还是国民生产总值应该明确，不能鱼目混珠，最好用不同的变量符号表示，防止有人中途偷换概念。"

"二是经济逻辑要讲清楚。如果上面公式中的 Y 表示某一年的国民收入，它可以分解为消费 C、投资 I 和政府购买 G 三部分；这里投资 I 是收入 Y 的一部分，这个收入 Y 不是由这里的投资 I 产生的，这里的投资 I 将会产生多少国民收入是将来的事。凯恩斯就不懂这一点。"

"三是财政政策和货币政策必须重新界定。宏观经济学里把政府购买 G 当作外部变量，这恐怕不合适。政府购买不可能是外生的，而是经济系统内部变量。

政府购买如果超过税收收入,超过部分是如何解决的,应该讲清楚。"

"老师,我们学的知识大部分都是这样的,有什么问题吗?"那个学经济的学生忍不住了。

蒙代尔老师没有理睬他,继续说自己的:"总之,问题很多,似乎全球经济问题出现的罪魁祸首是 300 年来的经济学家,或者说 2009 年的信贷危机,责任是因为我在 20 世纪 60 年代提出的经济模型。"

张山听到这里,终于知道幽默而有风度的老师为什么不回答这个同学的发问

宏观经济学的流变

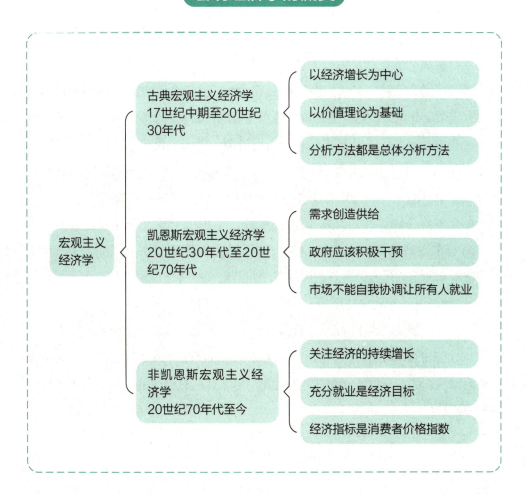

了，因为老师正在倒苦水，估计有一批指责者认为他的经济理论过时了。

"著名经济学家阿克洛夫在其名为《宏观经济学中消失的动机》的演讲中公开指出，他认为新古典经济学所赖以存在的对于人类行为的基本理论是不完全的，而这种不完全导致了一系列理论错误。而他所宣称的'宏观经济学中消失的动机'指的是社会规范，包括投资行为、消费理念等，也就是人们关于自己和他人应该做出什么经济行为的判断。在凯恩斯主义者或者说国家经济主义者那里，这些判断都是根据直觉，通过对经验的判断而得到的。而在事实情形中，这些行为是抽象出来的，诸如企业的利润最大化、消费者的效用最大化之类。因此，一旦实际行为与利用抽象偏好推导出的行为有差异，传统的宏观经济学理论就无法做出很好的解释，甚至那些根据经验推导出来的模型都会被推翻。"

"由此，这位学者还提出了对宏观经济学未来的预测。阿克洛夫在他的文章中说，就是要把所有的'消失的动机'全部整合进一个统一的经济模型之中。"蒙代尔老师完全沉浸到自己的愤怒中去了，他高声说道，"然而，这种整合本身就没有未来，我认为，这样会偏离经济和经济学自由发展的轨道。"

这些话太深奥了，教室里没几个人能听懂，老师也反应过来，这里不是他攻击"敌人"、倒苦水的好场所，随即顿了一下接着说："经济学是不断发展的，宏观经济学虽然基础理论没有变动，但是一样处于不停变化发展的状态。在30年前的宏观经济模型中，基本上是传统 IS-LM 模型一统天下。但是从传统的 IS-LM 模型，到新古典经济主义模型，再到现在新凯恩斯主义经济学理论和实际经济周期理论的区分，再发展到现在全新的宏观经济学理论。"

"也就是说，宏观经济学虽然力图构架一个整体，但是并不固化这个系统，它本身是在不断变动的。"蒙代尔老师在黑板的问号上画了一个圈，用力点了点说，"以过去的宏观经济学理论，来衡量现在的经济现象或者和现在流行的经济学理论比较，这本身就是一种过时的行为。总之，只有过时的经济学家，没有过时的经济学。"

"这句话真给力！"张山心想。

钱，有什么本质不同吗

蒙代尔调整一下自己的情绪，微笑着说："我希望和大家度过一个愉快的夜晚，不讨论这些让人气愤的话题。所以，大家看看这个。"说到这里，他从口袋里拿出一张美元来说，"大家看看，我手上拿的是100美元，各位从自己的口袋里掏出那张红票子，比较一下。你觉得我这张钱和你那张钱有什么不同？"

一个十八九岁的学生站起来，搞怪地说："老师，你那张更值钱。"

教室里发出哄笑声，就连蒙代尔老师也笑了："你说得很对，相比较来说，美元的购买力比人民币的购买力要大。老师们应该在经济课上一再和各位强调过，货币和资本的威力是法律、政策、政府、国界等行政手段能阻挡的。如果你稍微有点儿常识，你就知道历史上劣币（纸币）和良币（金属货币）曾经同时流通过，而且最终结果并不是和你们判断的金属货币被纸币取代，而是相反，纸币的价值不能保证，时刻存在被废除的危险，而金属货币的使用非常广泛。谁能告诉我，这是为什么？"

教室很安静，谁也回答不上来，幸好蒙代尔老师也并不指望学生能回答这个问题，自问自答地说："其实，劣币驱逐良币的表述并不准确，经济学家在给出这个答案的时候，故意把这条规则的前提给遗忘了。"

"前提就是这两种货币必须以固定价格进行交换。如果两种货币之间的交换是以浮动汇率机制进行的，结果就是良币驱逐劣币。也就是说，货币越优良，应用的范围越广。劣币驱逐良币的现象只存在于固定的汇率情况下，比如破损的美元、硬币等特殊情况。"

"老师，主题。"张山听到有人在嘀咕，也在暗暗发笑，老师虽然把劣币驱逐良币的概念讲述得更加透彻，但是已经跑题了。

"大家不要以为我跑题了。"和别的经济学家一样，看透人心都是他们的拿手好戏。老师接着说，"我这段话的意思是告诉各位，所有的钱——这里指的是货币符号，是没有本质区别的，而只有交换价格大小的区别，这个区别就是汇率产生的根源。"

老师在黑板上写上"货币符号"四个大字，他边写边说："这是我们通常所说的钱，但是从货币的历史中我们知道，所谓的钱其实是货币的数字符号，而货币最常见的是什么？对，就是黄金。那么黄金和一般纸币有什么区别呢？"

布雷顿森林体系下的汇率

各成员国之间货币汇率围绕着国际货币基金平价规定，做小幅度波动的汇率制度。一般来说，各国的汇率不变，上下波动在1%内，只有到一定程度时，比如某国发生大的灾难或者经济危机让货币价值变动很大时，才可以向国际货币基金申请重新制定和美元之间的汇率。

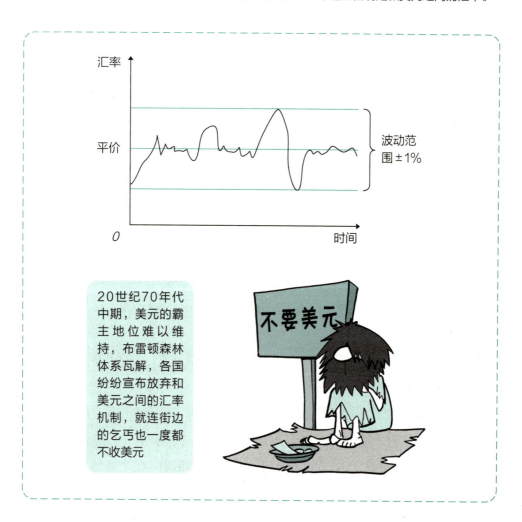

20世纪70年代中期，美元的霸主地位难以维持，布雷顿森林体系瓦解，各国纷纷宣布放弃和美元之间的汇率机制，就连街边的乞丐也一度都不收美元

"很简单,黄金肯定能换纸币,但是纸币不一定能换黄金。"经济学"高才生"站起来很潇洒地回答。

"你说得很对。我们从本质上来说说。因为世界分为很多的政府,人民币的发行权力在中国,而美元的发行权力掌握在美联储手中。这两者之间并没有彼此的信誉,所以在大宗交换的时候,需要黄金来保障信誉。但是假设全世界成为一个统一的政府,那么这种状况不再需要了,庞大的高达几千万亿的经济总量再也不需要价值几十万亿的黄金来衡量。这个时候,黄金和纸币就没有区别了。"

"各位同学不要以为,我说这话是自己的胡乱推测,事实上,历史发生过黄金和纸币等价的事情,谁能告诉我?"

"布雷顿森林体系。"几个声音先后在教室中响起来。

"对,就是这个。"蒙代尔老师从来不吝啬夸奖别人,继续说,"各位说得很好,就是第二次世界大战后建立的以美元为主导的经济体系。第二次世界大战后期,在经济领域,美国事实上一统天下,所以,可以确立35美元等于1盎司黄金经济体系,在这个背景下,黄金和美元这种纸币就没有区别了。"

说到这里,所有的人都恍然大悟。

神奇的汇率

"好了,仔细听课的同学告诉我一下,刚才我在讲义上留下了一个尾巴,是什么?"蒙代尔老师问道。

"汇率问题吧?"坐在第一排的女生站起来回答,不过声音很小,不敢确定的样子。

蒙代尔老师说:"谢谢你这位女士,我想任何一位老师都会喜欢你这样的学生的。"

"在网上经常出现'今天1美元兑换多少人民币'的消息。这是因为中国彻底融入国际市场后,采取的是浮动汇率机制。汇率会因为人民币与黄金、美元与黄金的相对价值而变动，也就是人民币和美元的汇率变动。汇率的变化，也就是把货币不再当成等价交换的物品，而是同其他普通商品一样，在市场上按照供给和需求的变化来进行自我价格调节。"

"我们所说的这个市场其实就是国际市场，包括国际贸易和国际金融。在这里，参与者必须交换彼此的货币，当然也就必须达成一个协议——关于彼此持有的货币到底价值多少的协议，否则交易就会发生混乱。在国际市场上，官方或者说政府规定的纸币含金量形同虚设。举个例子，如果日本说自己的一元价值中国的一元，你和某个日商的交易肯定无法进行下去。当然不仅是各国政府，联合国或者说国际联合基金的规定也同样没用，此时就必须借由市场自主调节汇率变化，这种方式就被称为浮动汇率机制。比如我们刚才说的20世纪70年代布雷顿森林体系的崩溃，当时联合基金和美国都采取很多举措来补救体系的缺陷，但是事实上美元的价值早就无法维持对黄金的兑换，所以最后还是无力回天。"蒙代尔老师开始滔滔不绝地讲述，笑容一直没有断过。

"当然，这种情况并不是固定的。国际市场自由交易货币，货币的实际价值如果急剧变化，而且这种变化实在是太快，那么会对进出口造成很大影响，甚至可能因此引起国内经济混乱——特别是对一些中小国家，严重依赖进出口的国家来说。"

王永军老师评注

事实上有20%的国家资本比不上全球500强企业。

"再举一个例子，**如果一个小国的经济总量还比不上几个大型公司的经济总量**，那么一个大财团可以在24小时内利用它的浮动汇率机制，让这个国家的经济崩溃。是不是有点儿不明白？"老师问道。

有几个同学赶紧点头，于是老师解释说："这个国家每天都出口某种产品来获得收入，然后用来购买生产、生活物资，如果一天之内汇率突然上升，那么可能原来计划获得的价值300吨黄金的收入就不到价值200吨，所以整个国家的百姓都可能饿肚子。所以在浮动汇率机制下，有些国家的汇率维持着不变的局面,称作固定汇率机制。"他转身在黑板上写上几个单词。笔迹是花式字体,张山仔细辨认,才发现写的是"Fixed Exchange Rates"。

"这种固定汇率机制下,各国与他国家货币之间维持一个固定比率,汇率波动只能限制在一定范围内,由官方干预来保证汇率的稳定。在国际市场上,固定汇率机制的前提是金本位制,也就是某政府声称自己的纸币含金量多少,那么持有这个国家纸币的商人可以向该国的中央银行换到足够的黄金。固定汇率制下,中央银行会介入市场,可以调整货币供需,不过,也更容易造成黄金外流。"

老师说到这里停了一下,目光在教室里巡视了一下,很明显看到了同学们眼中的疑惑,于是更加笑容满面地解释说:"在布雷顿森林体系下,美元就是黄金,所以黄金不断地流入美国,到顶峰时期,美国拥有全世界59%的黄金储备。然而到了20世纪70年代,美元的实际价值下降,所以人们会在争取到美元后,迅速套取黄金。再详细一些,假设某种商品价值100吨黄金,可以套取100亿美元,但是生产这种商品其实需要120亿美元,所以商人就会拿到美元后,不再像十年前一样利用美元流通,而是先换成黄金,再换成别的钞票,然后再用钞票按照固定汇率兑换美元,再套黄金。所以在20世纪70年代,美国的黄金不断外流,到最后美联储自动放弃了固定汇率机制。"

"好了,时间到了,我的课就讲到这里。"老师拍了拍自己的巴掌,向门口走去。刚走到门口,突然又转身走上讲台,边把放在讲台上的美元放进口袋里边说,"作为经济学家,不爱钱可不是个好习惯。"

大家都善意地笑起来,鼓起掌来。

蒙代尔老师推荐的参考书

《**国际货币制度:冲突和改革**》 罗伯特·蒙代尔著。本书中蒙代尔从国际市场上流通和汇兑的角度来看待货币,拓宽了人们对经济学的认识和了解。

第十三堂课

罗宾逊老师主讲"资本"

> 我没钱,别人有钱,意味着他们就高人一等吗?

琼·罗宾逊(Joan Robinson,1903—1983)

　　英国经济学家,剑桥大学毕业。剑桥大学教授。凯恩斯主义在英国的主要代表之一,也是后凯恩斯主义最有影响的代表之一。她提出不完全竞争的理论来说明市场价格的决定问题。其代表作有《不完全竞争经济学》《经济成长理论》等。

不自由市场上的竞争是什么样的

"大家好,我是琼·罗宾逊。今天我主要讲的是资本问题。

"从以前的课堂中,大家已经学习到了市场上资本的流通和国家调控问题,但是事实上,资本能不能按照前面几位老师讲的在理想状态下流通呢?

"我是持反对意见的。所有的经济学家讨论问题的前提都是自己设定的,也就是在理想市场中,只有两种角色存在——买方和卖方,但是在实际生活中,市场中往往会有许多其他角色出现。这往往使市场表现出不够自由的一面。在不自由的市场中,价格的制定并不是买方和卖方的共同决策,有时甚至与买卖双方的意愿无关。

"第一类是完全竞争市场,此时市场处于一种生产者数量众多的状态中,商品价格按照市场的供需决定,由于无法自由地制定价格,该市场也被称为价格接受者(price taker)市场;第二类是独占竞争市场,生产者并没有第一类市场多,每个生产者都有足够的消费者,但是每个生产者提供的商品都有差别;第三种是生产者数目比独占市场更少的寡占市场,生产者数目少,但是生产能力刚好满足消费,为了不让对手独占市场,竞争依旧存在;第四类是独占市场,也被称为垄断市场,就存在一位生产者,产品供不应求,竞争消失。

"如果前几堂课认真听了的话,你就会发现,亚当·斯密前辈永远只在完全竞争市场中讨论问题,而我的老师凯恩斯,现在他是你们的师祖了,则是在独占市场即垄断的前提下进行改革的,而他的改革目标是用国家垄断来取代独占市场中的资本垄断……"

王永军老师评注

经济学家基本上讲究传承,因为经济学家之间的竞争是不完全竞争。

张山很纳闷,这个老师难道一上来就要拆台吗?于是他举起手。

"这位同学要问什么?"罗宾逊老师被人打断了话题,有点儿不高兴。

"尊敬的老师,我想问,您的意思是说其他经济学家的理论都是错的吗?"

罗宾逊老师笑了笑说:"这位同学可不要挑拨我和其他经济学家的关系。我的意思是,其他经济学家讨论的是理想化问题,而我说的是实际问题,讨论的方向不一样。就像你今天吃了一碗炸酱面,其他人说的是碗,而我讨论的是面条的根数——炸酱我就不数了,有点儿腻。"

全场哄堂大笑,张山也坐下来,不过打心眼一下子喜欢上这位风趣的老师了。

罗宾逊老师接着说:"由于现实中市场的运行不可避免地受到外力因素影响,所以四种不同市场之间会相互转化。新产品登场,此时一位生产者率先采用新技术,生产出新商品,并完全占据所有的市场,此时处于独占市场中;随后,其他生产者纷纷进入这个新市场,市场变为寡占市场,但新产品依然利润很大;受高额利润影响,大量生产资源涌入这个市场,市场变为独占竞争市场,竞争激烈;此时这一商品受到新商品的冲击,消费减少,而供给因为惯性继续扩大,以致价格下降,供大于求,市场变为完全竞争市场。"

"假如这种商品并没有完全被取代,那么市场最终会稳定下来,那些经营不善的生产者被迫退出市场,生产者数量变少,市场重新变为独占竞争市场;为了进一步提高利润,生产者会联合起来对付共同的'敌人',同时用各种方式排挤其他生产者,最终市场会稳定为寡占市场阶段;继续发展,由于强势生产者能获取最高的利润,淘汰机制下,只有一位生产者能生存下来,市场变为独占市场。"

"当然,我也是一个经济学家。"罗宾逊老师突然回头在黑板上写下了一个词"卡特尔","作为一个经济学者,我也是理想主义者,事实上,成功的商人比我们精明多了。"

那个老是在上课举手说话的外国同学汤姆又怪怪地说了一句话:"这也是为什么经济学家上不了福布斯排行榜的原因吗?"

教室里又是一阵善意的笑声,罗宾逊老师也笑起来,但是没有搭茬儿,接着说:"在寡占市场中,由于生产者数量有限,生产者之间可以就价格和生产量达成协议,这样可以避免竞争,让生产者获得更多的利润。这种签订协议的做法,称为卡特尔(cartel)。但很显然,这种做法会让商品的价格虚高,损害了消

不同市场间的转化

生产过剩：某个市场中，竞争激烈，最后只有最强的企业留下来，形成垄断。
资本过剩：某个产品被垄断，高利润吸引资本进入，最后形成完全竞争。

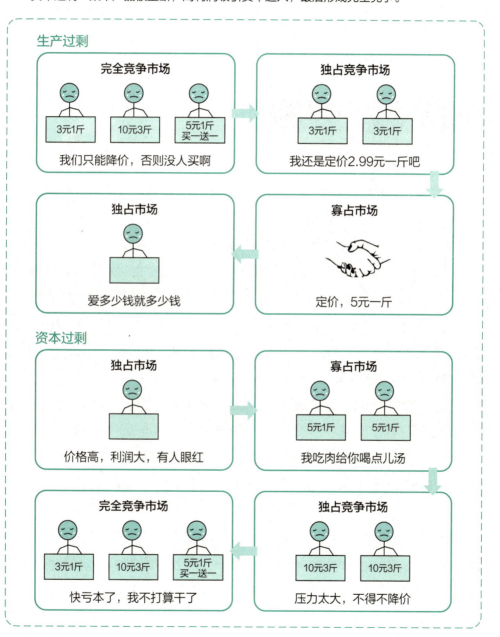

费者的利益，所以在全球范围内都是被禁止的。"

罗宾逊老师突然提高声音说："这些话大家是不是听着满头雾水呢？不理解没关系，我只是想阐述两点，一是别相信经济学家，包括我；二是永远上有政策，下有对策。无论在什么市场条件下，资本的积累和资本主义游戏都遵守着相同的规则。"

黄金时代的资本积累

罗宾逊老师转身在黑板上写下"资本积累"四个字，她说："我们都知道，真正意义上的经济学是从亚当·斯密时代开始的，虽然伴随着巨大的经济学分歧，但是经济学家们讨论的东西都是相同的。经济学的最基本命题是解释价格和有限的资源在相互竞争的用途中是如何分配的，条件都是静态的。"

她顿了顿，把自己手中的讲义往前翻了一页，说："也就是我们开始一部分讲的，经济学和经济学家都是理想的，他们因此忽视了经济增长和技术进步的问题。直到凯恩斯革命和一些偶然的问题才把这两个条件带到人们的视野中。但是凯恩斯偏离了道路，他解释了资本主义经济中的周期性和持续性失业问题，但是并没有对资本积累的实际进程给出合理的解释。"

"我考虑的是一种没有管制的自由企业经济模型，在这一经济模型中去，企业在财力限制的范围内自行决定自己喜欢的消费水平。当然，这个模型和其他经济学家所做的模型一样，从最基本的角度来看并不是不现实的。

"这个模型通过四组不同的问题进行思考，分析经济在时间进程中的机会和变化：

"第一，我们要对不同的情况进行比较，每一种情况都有自己的过去，都会因此发展出和别的情况不同的未来。比如说现在情况下的各种资本积累率，比较这个是为了看清楚假设会带来哪些具体的结果。

"第二，我们要在技术条件和技术条件变化率、消费与投资倾向不变的情况

黄金时代的资本

所谓黄金时代,就是环境稳定、资本增长率稳定、资本良好运行的时代。

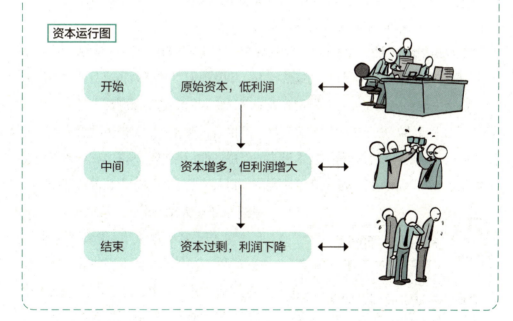

下,追踪个体经济的发展历程。

"第三,我们要追踪上述任何条件出现变化时对经济发展造成的结果,每一个参数的变化都可能会造成经济模型的崩溃。

"第四,我们要考察经济本身对市场突发事件的自我调节能力。

"正如凯恩斯所说,当人们怀念黄金时代的时候,就意味着人们喜欢处在黄金时代当中,而要想处在黄金时代当中,就必须长时间去思考它的过去,享受着过去累积的资本和机制。也就是说,任何经济观点和经济分析都是当下的,我们所羡慕的黄金时代只不过是资本血腥积累到一定程度后擦拭嘴边的血迹的分账时间。"

显然,一口气说完这些话让罗宾逊老师感觉有点儿累了。

是谁剥削了工人

罗宾逊老师拿起水瓶喝了口水,然后抬起头,脸上浮现出诡异的微笑:"同学们,我来问一个问题,是谁剥削了工人?"

教室里很快响起了议论声,老师说:"让我们来分析一下这个问题。首先是阶层分析,特别是对不同阶层的经济状况,以及他们不同行为和消费、储蓄行为对经济产生的影响。在亚当·斯密等人的理论中,经济是不断螺旋上升的,资本是工资加上机器,是过去预付的工资款,这也是古典经济学家把劳动看成生产要素的原因。从前,没有人重视技术进步的作用。他们把技术对资本积累的影响视为理所当然的事情,把兴趣放在了决定资本积累率的主要因素上,放在了资产阶级获取了多大比例的生产总值上。"

罗宾逊老师停下来,看到学生们一头雾水,说:"这段话不好理解,但是放到实际分配利益上,意思就是,工人比农民的工资高,但是工业生产的生产效率比农业的高,本来应该工人和资本家一样获得生产效率(技术进步)带来的巨大利益,可是原来的经济学家都把技术进步带来的利益归功于资本家。"

罗宾逊老师的话

经济学是研究经济的学问,也就是经世济民的学问,如果一个经济学者不能保持一颗为广大穷人谋福利的心,他的经济学就背离了应该前进的方向。一个学者对人类的贡献并不在于有没有获奖,而是有没有真的将道德放在心中。

"但是，这种不合理的分配理论一度是主流，因为经济学家本身属于资本家的一员。"罗宾逊老师突然开玩笑说，"经济学是研究钱的学问，你指望从来没见过多少钱的人能深刻理解财富吗？"

张山心想："对啊，我一分钱没有，不指望成为经济学家，我是不是该走了？"就在这时罗宾逊老师话锋一转："当然经济学可以让一个穷人成为富翁，然后再成为一名经济学家。"教室里明显气氛活跃了，很显然大家对老师的这句话很感兴趣。

不过老师并没有理会大家，转身在黑板上写下一个名词"边际生产率"，说："这里牵涉到工资分配理论的另外一个问题——边际生产率。将资本家价值分配理论发展到极致的马歇尔老师曾经在课上为大家详细解释过了，我这里不再多讲。对于经济学家来说，边际生产率纯粹是循环论证，按照这一说法，商人把自己的利润最大化时，是把各种生产要素组合到了一种其他组合方式都不能带来更多利润的形式当中。"

"也就是说，利润分配方案永远是在忽略进步的情况下达成的。"

罗宾逊老师停了下来，因为她发现，很多人又听不懂了。她举了一个例子说："假如你加入一个公司，最开始按照生产率给你分配 2000 元，可是工资是滞后发的，即使涨工资也是按照月初水平预测月末的生产率。也就是说，你刚开始干活时，你一个月值 2000 元，可是到了月底你就值 2200 元了，当然老板是不可能补给你这一部分利润的，这些都被归入循环经济理论中的边际生产率部分去了。"

"而老板的资金投入甚至固定的土地的效益都跟上了经济增长步伐，资本储备的价值如果抛开净产值在工资和利润之间分配的问题不谈，是毫无意义的；因此认为利润率取决于资本的边际生产率的想法是没有任何意义的。

"后来物极必反，马歇尔老师的学生皮古提出了以'福利'为主题的福利经济学，主张通过各种各样的分红、保险、补贴等手段更加公平地分配财富，在一定程度上把广大的无产阶级转化成中产阶层，缓和社会矛盾——但是福利没解决根本问题。

"现在我们分析一下最开始的福利经济学的主要内容——保险。表面上看，是资本家把一部分利润匀给了工人，可是事实上，他在20年前用1万元买下了保险，现在能获得3万元的收益，可是他的儿女就在这个时候花上了2万元来购买一份未来20年值10万的保险——单看这一个循环，其实是人们自己给自己保了险。"

是谁剥削了工人

S雇佣A生产某种商品。表面上他们是完全平等的合同地位，可是实际上在经济运行过程中A不断受到S的剥削。

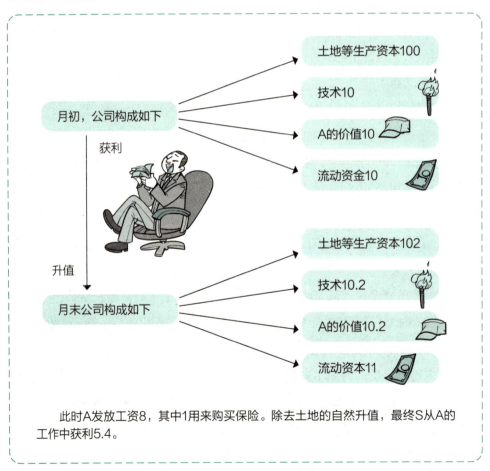

此时A发放工资8，其中1用来购买保险。除去土地的自然升值，最终S从A的工作中获利5.4。

寻找经济学的道路

"今天最后一个话题是关于我如何寻找经济学道路的。"罗宾逊老师继续讲道,我是一个来自资产阶级上层社会的优雅女性,还是一个在正统经济学熏陶中成长的天才经济学家,但我却背叛了正统经济学尤其是马歇尔经济学,我觉得马歇尔经济学不能实现他的济世理想。尽管我是一个弱女子,甚至是连母亲和妻子角色都承担不好的女子,但是我确实有着悲天悯人的情怀。"

"当我还是个中学生时就对穷人发生了兴趣,我曾在伦敦的一个贫民福利工作团体做了很多工作。结婚后,我随丈夫到印度工作。那个炎热、贫穷、肮脏、混乱的国家和那些保守、困苦的人民的悲惨生活让我很震惊,或者说把我从经济学的象牙塔中拉了出来——我第一次感受到,财富分配的不公平是这么可怕。"

"所以,我开始否定一切,我一直努力研究的经济学对改变穷人的境遇有作用吗?于是,在一次次的反思中,我才发现,一直作为美国主流的经济学家马歇尔有机智和冷静,但良知不足。"说到这里,罗宾逊老师的表情很沉痛,教室里更是鸦雀无声,张山的思绪也飞到了家乡,更是想到了自己的状况,第一次对来这里上课产生了怀疑,张山心想:"我即使精通了经济学,可我还是个穷人啊!"

罗宾逊老师并没有停下来,她好像陷入了回忆,在自己的精神世界中用一种梦呓般的语气说道:"我抱着某种模糊的希望,希望它会有助于我理解什么是贫穷以及如何去改变它。最后我找到了马克思主义经济学,它解释了无产阶级受剥削的根源,并指出了无产阶级获得解放的道路。它真的是为了探索改变穷人命运的道路。我对中国的社会主义革命和建设成就充满欣喜,对中国的改革开放充满希望,所以我在遗嘱中把我的著述销售收入用于资助发展中国家的研究生教育项目。"

罗宾逊老师转身在黑板上写下了"良知"两个字,继续说,"大家都知道,1929年至1933年全世界发生了经济大危机。在马歇尔新古典经济学的和谐世界里,均衡是市场自发作用的必然结果,自由放任是唯一可以选择的政策主张,而大危机期间的自由放任政策则无异于犯罪,马歇尔经济学主张面对危机像小丑一样可怜。在我看来，在大危机剥夺人的生命时，听任市场的自发作用实际上就是在谋杀。这是我抛弃马歇尔经济学的直接原因。"

"后来我的老师凯恩斯，同时他也是马歇尔的学生，拯救了经济学和世界，当然他的理论大家已经了解了。"教室里有几声善意的笑，同学们发出"他很厉害""拯救世界"之类的声音。但是罗宾逊老师没有理会，继续说："大危机期间，我目睹了资本主义的缺陷：一方面是产品过剩，另一方面是广大底层人民对于大量的过剩产品几乎没有任何消费能力；一方面是大量的食品被倾倒入垃圾场，另一方面是寒冷的冬夜街头常有饿毙的流浪者。在主流经济学框架里无法得到解释的我只能求助于马克思主义经济学。"

罗宾逊老师突然昂起头说："尽管在同时代我自认为算是顶尖的经济学家，但是经济学的诺贝尔奖却和我没有任何关系，不过——虽然没有荣誉，但是良知和我同在！"

教室里突然爆发出雷鸣般的掌声，大家都被罗宾逊老师的崇高人格感动了。

"谢谢各位，今天的课到这里就结束了，再见。"罗宾逊老师优雅地摆了摆手后退场了。

罗宾逊老师推荐的参考书

《**不完全竞争经济学**》 琼·罗宾逊著。她在英国剑桥大学教授经济学时，出版此书。书中继承了马克思主义思想，对古典经济学的统治地位产生了冲击。本书的核心是在现代市场中对竞争的论述，指出不完全竞争在市场经济中的作用。

第十四堂课

萨缪尔森老师主讲"生产"

> 你可以将一只鹦鹉训练成经济学家,因为它所需要学习的只有两个词:供给与需求。

保罗·萨缪尔森(Paul Samuelson,1915—2009)

美国经济学家,新古典综合学派主要代表。哈佛大学经济学博士,马萨诸塞理工学院教授。1970年获得诺贝尔经济学奖。他的经济理论影响了一代人,成为许多国家和地区制定经济政策的理论根据。其主要著作有《经济学》《线性规划与经济分析》《经济分析基础》等。

流通是怎样产生利润的

上次来的老师是一位女经济学家,所以这次很多学生也猜测会不会再来一个女老师。当萨缪尔森老师站到讲台上的时候,很多同学失望地发出"嘘"声,这让保罗·萨缪尔森有点儿莫名其妙。

他先是扶了扶自己的黑框眼镜,接着又摸了摸自己的脑袋,再整了整自己的领带,确定自己并没有形象问题,开口说道:"我叫保罗·萨缪尔森,曾拿过诺贝尔经济学奖。虽然很多人认为这样的奖项对经济学家不算是什么,但是获奖的时候我很快乐。"

教室里安静了下来,大家都开始聚精会神地听这位经济学家会带来什么样的奇思妙想。

"首先,我重复一下最基本的市场法则作为这节课的开始。其他经济学家特别是政治经济学家肯定这样告诉你们,财富产生于商品,包括一切服务、产品、利益等流通环节。而在商品的生产环节、流通环节、消费环节中,最为核心的就是流通环节。在商品流通中,最重要的就是交易行为。如果没有交易行为,就不会有任何利润产生,当然也不会为他人带来任何盈利。"萨缪尔森声音很洪亮:"请问各位,谁还记得主张这个理论的人是谁呢?"

班里几个一看就认真听讲的人先后回答"萨金特"。

萨缪尔森老师很高兴,说:"看样子各位上课很认真啊!希望大家也能记住我的名字,我叫保罗·萨缪尔森,对不起,跑题了,我们回到正文。"老师不好意思地挠了挠头,"流通的作用不容忽视,例如,我到超市买包方便面,我把钱交给了店主,店主把方便面交给了我,交易行为完成了,利润就产生了。正如别的老师所讲的那样,商品流、现金流和信息流之间交易越频繁,产生的利润也就越多。"

"但是大家就没有疑问吗?我有一袋干脆面,小浣熊牌的,你有一元钱,通过交换,我有一元钱,而你有一袋小浣熊干脆面。这是完全一样的啊!怎么就有利润了呢?"

学生顿时安静下来了,都在思考老师提的问题。

就在安静的时候,一个声音悠悠地飘来:"小浣熊长大了。"教室里先是一愣,然后哄堂大笑起来,就连萨缪尔森老师也笑弯了腰。

"好了,玩笑时间过去了。"过了一会儿,萨缪尔森老师平静了一下,接着讲课,"我们可以看到,资本在上述的三个环节中有三个形式,也有三种职能。货币资本的职能是购买劳动力和生产资料,为生产剩余价值准备条件;生产资本的职能是使劳动力和生产资料相结合,生产出包含剩余价值的商品;商品资本的职能是通过商品的销售,实现包含在商品中的价值和剩余价值。"

"在经济流通中,资本的周转就是周而复始连续进行的资本循环运动。考察资本周转,主要是从时间上考察产业资本运动的速度,揭示资本周转快慢对剩余价值生产的影响。这是理论上的流通对利润的影响。"萨缪尔森老师看到了同学们一头雾水,叹了一口气说,"换一种通俗的话来说,是这样的一个过程。一元钱是货币资本,它本来承担的是交换职能,所以不会产生利润。而小浣熊干脆面是生产资本和商品资本共同作用下的商品,它在我这里对我没有任何价值——因为我不喜欢小浣熊牌的,而在你那里,这包方便面可以让你不饿,甚至能让你从饥饿的边缘获得性命,这就是流通。总之一句话,流通的利润来自于交换价值,即使用价值的实现。"

"老师,您讲这个,或者我们明白流通利润的来源有什么意义呢?"一个学生疑惑地站起来问道。

萨缪尔森老师的脸顿时拉下来了,回答说:"这位同学,你犯了两个错误,一是打断了老师的讲话,二是怀疑经济学家的理论的作用,坐下吧。"那个同学很尴尬地坐下了。老师接着说:"任何经济学的理论都是指导现实的,但是如果你不明白理论,可能会知道一些经济手段,但是永远无法明白经济运行的真谛。"

"好了,我们回到正题。"萨缪尔森老师接着讲课,"加快流通,也就是加速资本周转速度,对任何个人或者机构来说,可以增加年剩余价值量。而且加速**资本周**

王永军老师评注

资本周转天数,是资本周转一次需要的时间;资本周转率,是一年中资本周转的次数。

转速度可以提高年剩余价值率。也就是说，资本周转速度越快，经济的流通越顺畅，经济生产的剩余价值质量就越高。"

"当然，剩余价值越多，就会越容易让所有人快乐。"萨缪尔森老师说完，停了停，静静等待学生们消化他的思想。

快乐公式

萨缪尔森老师翻了一页讲义："我们来看下一个内容——'快乐'。"他转身在黑板上写下了这个词。

"所谓的经济学，对于整个社会而言，是为了更有效率地创造社会财富；对于个人而言，从长远来看就是实现自我价值，就眼前而言就是快乐。一个人要是天天都不快乐，在高深的经济学院里，拥有再多的财富也是不幸福的。那么，快乐是怎样获得的呢？我们怎样得到更多的快乐呢？"

萨缪尔森转身在黑板上写上了"效用/欲望"，并在其与"快乐"之间画上了等号。

"这就是我认为的快乐公式，这个简单的公式想必大家都可以很轻松地看出来，增大效用，减少欲望，快乐就会增加。"

张山小声问道："那么什么是效用呢？"

萨缪尔森继续在黑板上写着，并附带着解释："'效用'就是指用来衡量消费者从一组商品和服务之中获得的满足程度或满足尺度。效用可以分为总效用和边际效应。总效用是指从消费一定量某物品中所得到的总满足程度。举个例子，就像下面正在吃东西的那位同学，你从面包中能够获得的满足感，就是总效用。"

张山回头一看，自己的室友小峰正在吃面包，大概是晚饭后去打球了，没有吃饭就急急忙忙来听萨缪尔森老师的经济课，这下可尴尬了，小峰对着张山吐吐舌头，慌忙把面包放到包里。

"你感到饥饿，食物让你充饥，你从食物中得到的满足感就是一种效用，这可以让你在一定程度上感到快乐，假如其他条件不变，你一直挨饿，必然不会比填饱肚子更快乐。然后就是边际效应，边际效应是指消费者在一定时间内增加一单位商品的消费所得到的效用量的增量。相当于你很饿的时候，吃了一个面包会感到一点儿满足感，那么再给你一个面包，你会增加多少满足感呢？"

张山听到小峰一直在后面唉声叹气，吃一个面包，变成了活教材。

萨缪尔森接着讲："这就可以理解下一个名词了，那就是边际效应递减。一定时间内，在其他商品的消费数量保持不变的条件下，随着消费者对某种商品消费量的增加，消费者从该商品连续增加的每一消费单位中所得到的效用增量即边际效应是递减的。"

萨缪尔森老师笑了笑，或许他都觉得总提面包不是很厚道了。

"这位同学不要介意，我们只是就面包举例，你不必不适应。"

众人哄笑，萨缪尔森接着说面包的故事："你饿了，吃一个面包不够，你得到的快乐比如是10吧，然后你再买一个面包，这时候你已经不太饿了，吃不吃并不是很重要，你得到的满足感，或是快乐可能就只会增加5，而不是10了。当你得到第三个面包时，你已经饱了，快乐的增量就更加微弱，可能只有1了。"

萨缪尔森抬头看看大家："事实上，人类的欲望很强烈，相对于人类的欲望而言，经济物品或者是生产这些物品所需要的资源总是不足的，这就是稀缺性。所以，在人的欲望保持持续的情况下，要想幸福保持不变或者变大，就必须增加分子，也就是效用。还受到边际效应递减原则的影响，效用的增长必须是成倍的增长。这样的话，增长到一定程度，人的欲望就很难得到满足。"

"那么这时候，想要使快乐持续增加，就只能采取另一个办法——缩小分母。这是一个现实的问题。现代社会，人们一直疲于奔命，寻求其所谓的快乐。而快乐之所以慢慢地被忽略，越来越难得到，就是因为人们不能够减少自己的欲望。只是由于人们太在意物质上的富裕，太追求一种形式化的生活了。"

张山心想，这不是和我们常说的"知足常乐"不谋而合吗？

萨缪尔森接着说："譬如一位千万富翁，很可能因为欠了200万元的账而郁郁不安，一位经理很可能因为遭受总经理的白眼而心事重重。也就因此，许多得意者反而不如一般人活得快乐。甚至千万富翁抑郁了，经理辞职了，而他们所拥有的财富，其实完全可以使一个穷人得到很大的快乐，他们之所以非常抑郁，只是因为他们的分母太大了——再多的效用，也被他们变成小数了。"

说完这个，老师在黑板上边写边说："现在我们最后总结一下，快乐公式是这样的。快乐 = $O + (N \times S) / T + Cpm + He$，其中 O 代表室外活动，N 为与自然的关系，S 代表社会关系，包括与邻居和朋友的关系，Cpm 为童年的美好回忆，T 代表平均温度，He 为即将来临的假期。"

乘数效应有什么作用

萨缪尔森老师咳嗽了一声，接着说："我们现在来聊一聊，当世界经济发生动荡时，如何拯救世界经济的问题。很显然这个任务不是一个人说了算，而是全世界人民说了算的。完成拯救世界经济的其实是一个经济现象，那就是乘数效应。"

"乘数效应？怎么说？"和别人一样，张山一样好奇起来，当然可能那个学经济的同学早知道了这个，所以耸了耸肩，但他没说话。

"先说一下定义。"萨缪尔森老师的风格就是先灌输理论，再接着讲现象，"乘数效应就是指在经济循环中，通过一个变量的变化以加速度方式引起最终量的乘数增加效果，当然有时候是正面效果，有时候就不好了。"

"我们知道，在经济危机时，人们都把目光投向政府。那么政府到底是如何做到的呢？首先，政府投资或公共支出扩大、税收减少，从而对国民收入产生翻倍的作用，这是扩张效应；其次，政府投资或公共支出削减、税收增加，而对国民收入产生紧缩一半的作用，这就是紧缩效应。

"而且不仅仅是对政府来说，对一个企业来说也能利用乘数效应来改善经营效果，当然乘数效应的结果也有可能无法实现。比如一个促销计划的实施，管理者希望这个计划可以成倍地增加，但是结果往往发现，如果没有其他配套的策略实施，乘数效应很难实现。再比如激励政策，管理者会希望1元的激励效果给自己带来10元的利润，但是最好的结果也可能只是对一些人的某些行为产生效果，也就是说，可能让这个接受奖励的人下个月工作业绩更好，而持续的激励或者自发的激励效果却不可能实现。不过，总体上说来，管理者发出100元的奖金所能获得的乘数效果肯定不止100元。"

"老师说的是什么意思呢？既鼓吹它的作用，又否定它的作用？"张山心想。

萨缪尔森老师并不在乎自己的说法对学生有什么作用，而是自己继续"爆料"说："但是这里要注意一个问题，乘数效应的作用是不能持续的，只有和相应的措施配合才能发挥功效。所谓的配套措施，是使当初的措施的效果进一步发挥功效的配套措施，比如管理中的激励措施。如果单纯激励，是不可能在没有激励的情况下继续发挥作用的，必须要有相应的比如企业文化等的配套来支持。<u>只有做好相应的这些措施</u>，乘数效应的效果才可能进一步持续地发挥功效。"

王永军老师评注

如果政府投资被侵吞，那么乘数效应也就无从谈起了。

"好了，我刚才所讲的都是理论，现在我们进入实例，接着研究小浣熊干脆面和一元钱的事情。"萨缪尔森老师发觉了学生们对他的理论不感兴趣，所以转了一个方向说，"假如某个地区政府陷入了危机，然后政府发行一元公债，这个钱当然是从银行借出的。然后这个一元钱流入了生产方便面厂家的手中，他们扩大了生产，生产出一袋小浣熊干脆面。表面上，还是一元钱换来了干脆面，然而实际情形是这样的。"萨缪尔森老师转过身，开始在黑板上画各种方框和箭头。

"先是，生产一元钱干脆面是厂家付给工人一毛钱工资，一毛钱给自来水厂，交了一毛钱的税，三毛钱给了面粉厂，一毛钱留给了老板，还有三毛钱给了其他不同的公司。那么直接进入消费的是老板的利润和工人工资，他们用这两毛钱投入了其他行业的生产。而获得剩下七毛钱的各种厂家也按照同样的比例进行生产，所以结果也有一毛四分的利润进入消费。这个过程无限循环下去，从方便面厂到面粉厂再到农民，然后到研究农学技术的专家都从这一元钱中获得利润，而且从这里可以看出，每一次交换都交税10%，那么政府很快就能把银行的贷款给还清了。所以最终的结果是，一元钱仍然回到银行手中，不过整个社会经济体系中可就获得了不止一元钱的利益。这就是乘数效应。"萨缪尔森老师总结道，"而这就是经济学的魅力所在。"

"好了，我的课完了。"萨缪尔森老师开始离场。

 萨缪尔森老师推荐的参考书

《经济分析基础》 保罗·萨缪尔森著。这本书以数学为工具，使各种理论和方法获得基本统一的表述，并以此总结了新古典经济学的主要成就。这本书把最大化原理和均衡原理结合在一起，是数学和新古典主义经济学结合的经典作品。

《线性规划与经济分析》 保罗·萨缪尔森著。萨缪尔森与其他人合作出版了这本书，为经济学界新诞生的经济计量学作出了贡献。这本书成功地把价格理论、线性规划和增长理论结合起来。

第十五堂课

格林斯潘老师主讲"复苏"

> 千万不要以为经济会永远这么稳定,一旦投资人谨慎起来,利率就会上涨,资产价值就会下滑,这将对经济构成威胁。

艾伦·格林斯潘（Alan Greenspan, 1926—）

美国第十三任联邦储备委员会主席,将经济理论用于实践的经济学家,被媒体业界看作是"经济学家中的经济学家"。金融界对他的评价是："格林斯潘一开口,全球投资人都要竖起耳朵来。"

股市引导经济复苏

"大家晚上好,我是艾伦·格林斯潘,今天晚上的经济学课由我来为大家讲述关于经济危机和经济复苏的问题。"

张山发现这位大名鼎鼎的美联储前主席从外表上看并没有官架子,而是像极了一位老学究。格林斯潘穿着一套深色西服,戴着一副黑边眼镜,看起来也没有什么表情,只是脸上的皱纹让他看起来非常亲切。

"大家都知道,2007年,经济危机从美国开始,蔓延全球。在经济危机发生之后,我们仅仅沮丧是没有意义的,我们需要考虑一下其他措施。所有人都希望危机可以快一点儿过去,期望经济复苏,那么,经济如何才能复苏呢?

"要想明白这个问题,需要先回顾一下以前的经济危机是怎样的。在市场经济诞生之后的漫长时间里,全球资本主义遭遇过很多次类似的危机,从我们现在的角度看,这些危机总是会在一段时间之后平复,然后迎来一次繁荣,整个社会更加发达,物质繁荣会上一个台阶。这样看来,经济危机的平复就是必然的,就像太阳东升西落一样,即使政府不采取任何措施,经济危机也会在一段时间之后自发地消失。事实是这样的吗?之前的经验使我们有理由相信,即使其他一切都失灵,全球经济也不会永远停滞或一直糟下去,**经济总会在一段时间之后做出自我调整**。"

王永军老师评注

这和经济周期理论是相通的,即使人们不去做,全球经济也会走出困境的。

在2007年全球经济危机的时候,张山和同学们时常关注经济方面的新闻,他对于格林斯潘尤其印象深刻,这位当已卸任的美联储主席所说的话大大鼓舞了人心。

"我们可以这样理解,在经济危机的背后,埋藏着一粒复苏的种子,这粒种子总会发芽,看上去一年多的时间使社会财富空前蒸发,实际上蕴含着希望。这粒种子其实就是全球股市,股市不会一直跌下去,在空前发达的金融市场中,股市即使非常温和地复苏，也会产生巨大且正面的经济后果，进而引导经济复苏。"

"从哪里开始，到哪里结束？我们回想一下当时的情况。"格林斯潘说。

听到这里，张山的思绪也跟着老师回到了经济危机开始的那段时间，坏消息和消极的报道历历在目。

"2007年下半年，经济危机刚出现时，其实只是局限在金融领域，有价证券出现了令人担忧的走向。全球经济除了金融行业之外，状态还是很好的。没过多长时间，金融业危机开始蔓延到各行各业。2007年10月全球股市下跌，这个过程很短，股票的下跌幅度却非常大。"

格林斯潘扶了扶眼镜，严肃地说："仅仅是从理论上说，大家也许不会意识到情况有多严重，都说股票下跌，都说失业率升高，但是幅度有多大，失业人数有多少呢？在金融危机全面爆发之后，全球公开交易的公司股票亏损达16万亿美元。之后，在金融危机没有得到控制的情况下，这一数字飙升到35万亿美元。上市交易的公司亏损较大，没有上市的公司实际上也好不到哪儿去，总体来讲，金融危机带来的亏损达到了40万亿美元。"

听到这里，大家都惊愕不已，张山想想这样庞大的数字，不禁吐了吐舌头。

格林斯潘翻了一页讲义说："这样的糟糕状况要怎样改善呢？那就是刺激股市，让股市重拾信心，引导整个市场经济重新站起来。"格林斯潘从眼镜上方看了看大家，接着讲，"从结构来看，全球合并股本也是所有单个公司、企业、家庭以及政府独立但可累加的股本的总和。在某一时间，全球股价将触底反弹。全球私营部门股本增加，往往会提升几乎所有企业实体的资本净值（以市价计算）。在牛市，绝大多数股票会上涨。股票上涨了，人们的信心就会树立起来，从而愿意去投资。"

"重新确立信心的投资者会将一大批资金投向市场，这就是有活力的新股本，新股本将开启被冻结的市场，并在全球向所有企业（特别是银行）提供资本金。在解决了银行资本净值短缺的问题后，股本增加将支撑比目前数额更大的银行放贷，提高抵押品（债务以及股本）的市值，还可能重启奄奄一息的债务市场。"

格林斯潘抬起头来说："这样说诸位似乎不太理解，我打个比方吧，资本就

股市导致金融危机，股市引导经济复苏

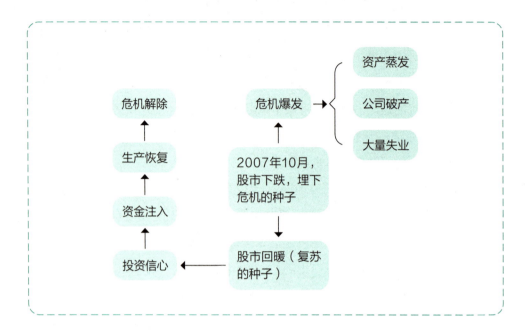

像是流水，流动起来就能够创造利润。当大家被经济危机吓怕了，不愿意涉足金融市场时，整个循环就会停滞，经济发展就无从谈起。而当有活水注入，干涸的渠道被充满时，整个循环就会重新运作。"

"这就像是连锁反应。"张山的朋友在他旁边，忍不住轻声说，"怪不得当时政府都鼓励大家的信心呢。"

讲台上，老师并没有注意到台下的讨论，而是慢条斯理地说："简而言之，资金的流动性应再次出现，偿付能力的担忧应消退。让全球放贷恢复正常，其刺激效果可能不亚于当时各个国家政府的任何财政刺激方案。政府的刺激方案就像是对于休克人员的电击疗法，而这样的资金流动则标志着心脏的重新起搏。"

格林斯潘老师翻了一页讲义，接着讲道："股市可以引导经济复苏，那么为什么股市必然会先复苏呢？这是因为，在经济危机的时候，我们可以按任何一种历史标准来衡量，危机状况下全球股价肯定相当低廉，即便股价在之后有所上扬，但总体还是偏低的。历史告诉我们，恐慌在何种程度及多长时间能够使市场

参与者瘫痪，都是有限度的，总会在一段时间之后有一部分人开始趁着低价购进优质的股票，从而引发整个股市的回暖。"

"可能由于经济危机的发生，很多人会认为股票的副作用很大，但是股市对于整个市场经济的积极作用不容忽视，每到经济危机蔓延的时候，股市也会引导整个市场经济复苏的。"

经济危机何时了

"我喜欢用回顾历史的方法来看待我们今天，这似乎是有周期的，经济危机似乎总会在一段时间之后发生，我们不禁要问，经济危机真的不可能完全消除吗？到什么时候我们才可以完全摆脱经济危机呢？"

张山听到这里，非常感兴趣，假如有方法可以终结经济危机，那就太棒了。

"还以2007年的经济危机为例。"格林斯潘继续回望历史，"我们都明白，完全自由的市场经济总会因为市场参与者的盲目性而走向混乱，为了解决这样的问题，每个政府都有经济监管体系。而20世纪50年代，哈里·马科维茨也对非常风险管理理论做了很多阐述，他后来获得了诺贝尔经济学奖。这个理论不仅被学术界所接受，也被绝大多数金融专业人士及全球监管部门广泛接纳。这样的监管体制的建立，似乎在很长一段时间内发挥了效用，但是2007年，这些机制失效了。"

"2007年8月，风险管理框架暴露出了自己的缺陷。究其原因，还是人的盲目性，我们很多看似客观的计算机数据分析，其实都有赖于一个前提，那就是风险管理者的可靠性。一般情况下，他们开明的利己做法将积极监视公司资产和预测风险，因为他们要尽量缓解破产的冲击。"

这时，一个女同学举起了手，格林斯潘示意："这位同学请讲。"

"尊敬的格林斯潘老师，既然已经将监管人的利益和市场风险联系了起来，为什么他们还会失职呢？"

"不是他们失职。"格林斯潘先示意她坐下,"其实在很长时间内,这种体制非常有效,似乎固若金汤,但是在2007年夏季破灭了。这并不是风险管理者的失职,而是市场运作者在十分乐观时,将风险管理技术和风险产品设计做得十分复杂。由于过于复杂,以至于非常成熟的市场参与者,也由于看到的理论过于繁复而无法正确处理市场活动。"

格林斯潘停顿了一下,喝了点儿水。张山在这个时候记录了一些格林斯潘老师的话,能听格林斯潘老师讲课,真是难得。

休息一下之后,格林斯潘接着讲:"自我监管没有起到应有的作用,接下来就是抵御危机的第二道防线——政府的监管体系了。但令人遗憾的是,在危机的压力下,它同样失效了。仅仅一年前,也就是2006年,美国联邦储蓄保险公司还公然指出,'全部被保险的机构中有超过99%达到或超过了资本金标准的最高监管要求。'既然这样,为什么经济危机一来,就轰然崩塌呢?可见,监管体系并不可靠。"

"说到接受监管,我列举一些资本主义国家银行的例子。众所周知,美国银行受到很好的监管,但是,即使很多大银行里面都有专业监督人员现场监管,这些银行依旧不顾风险,为了利润而去接受一些有风险的业务,并因此使整个银行陷入危机之中;不仅是美国,这样的情况在资本主义国家中普遍存在,英国的金融服务局,工作成绩非常显著,但是在大危机来临的时候,很多问题依然没能及早避免。"

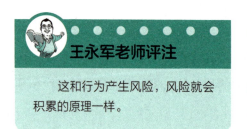

王永军老师评注

这和行为产生风险,风险就会积累的原理一样。

"自由的市场经济不可靠,企业内在的风险管理不可靠,政府的金融监管不可靠。在这样的情况下,<u>经济危机必然会在一些错误逐渐积累之后爆发</u>。那么,经济危机真的无法避免吗?"格林斯潘看着大家,等待良久。

教室里没人发言,张山心想:"既然什么都不可靠,所有人都只能等着一次又一次的危机来临了。"

经济危机为什么会发生

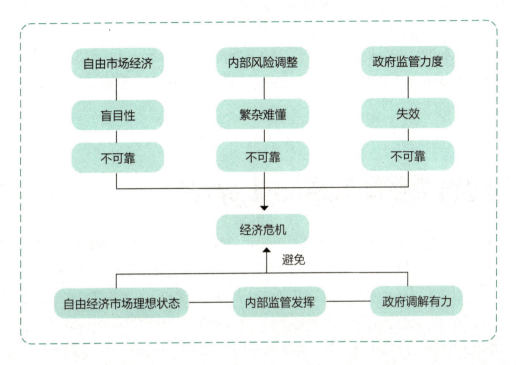

"我们首先要追寻更加合理的市场经济模式。"格林斯潘接着讲道,"正如20世纪50年代哈里·马科维茨的理论成果一样,他的理论虽然没有成功避免经济危机,但是也协助维持市场经济稳定了很长时间。"

"另外就是要吸取教训,我们发现了是银行监管机构无法全面准确地进行预测,之后就要多多关注。例如,次货是否会成为有毒资产,或某一笔特定的担保债务凭证是否违约,甚或某一金融体系是否会失灵。这类预测十分困难,但是,为了尽量减少或是避免经济危机,我们必须做到最好。"

格林斯潘缓缓地说:"也就是说,从理论上讲,经济危机可以在诸多因素完善之后,逐渐地减少甚至消失,但是这只是理论。"

看到大家有点儿失望,格林斯潘改变了自己的口气。

"我们不需要为这样的结果而失望,因为自由市场资本主义产生自各种观点的较量,出现的种种状况原本都是物质福利最大化最有效的手段,虽然自由市场资本主义曾因资产价格泡沫和罕见却毁灭性的、造成普遍痛苦的经济崩溃而周期性地偏离轨道，但是我们也要看到，泡沫的形成需要一个较长时期的繁荣、受抑制的通胀和较低的长期利率。

"你如果希望泡沫完全不出现，那就不要再奢望经济的长时间繁荣，利害是相关的。就像你喜欢玫瑰花，就不要奢望花下面没有刺一样，尽量减少或是避免伤害就行了。"

黄金和白银，谁是危机的赢家

"经济危机与政府的货币政策关系很大，现在被多数国家认可的就是金本位，金本位制就是以黄金为本位币的货币制度。"格林斯潘开始了他的下一话题。

"当然了，金本位货币制度受到很多人的质疑，集权主义者们就疯狂地仇视金本位。因为他们能够很明显地感受到，金本位和经济自由相互依存不可分离。事实上，这一点也是许多坚持无为而治的自由主义者所喜爱的，金本位是无为而治的工具和手段，想要达到经济自由，金本位的货币制度是必须坚持的。"

张山非常疑惑，黄金本来就是最基本的货币啊，为什么和自由经济联系起来呢？他环视了一周，大家似乎都不是很明白。最终，一个女同学代表大家表达了看法。

格林斯潘能够理解大家的疑惑，他说："这个问题就是我接下来要讲的重点，现在，我们来理解一下黄金对一个自由社会的作用。"

"大家都知道，经济交换需要一个共同的分母，然后，货币应运而生。货币原本的作用是充当交易媒介，这种媒介在市场经济里为所有市场参与者所普遍认可，作为所有商品和服务的支付手段。既然如此，货币就能够用作衡量价值的标准和作为储存价值的手段。在座的诸位到市场上询问一件商品的价格时，一定是问多少钱，而不是询问商品里包含了多少劳动量；相应的，所有人收入有所结余，到银行里面储存的一定是货币，而不是粮食或衣服。"

这是简单的道理，大家都不住点头，格林斯潘徐徐地说："这样的商品，也就是货币的存在，使我们不需要亲自生产维持自己生存的一切物品，我们只需要做自己擅长的劳动，然后换来这样的媒介商品，就可以维持生活，也就是说，货币是劳动分工的前提之一。如果人类缺乏这种被普遍认可为货币、能够衡量客观价值的商品，想一想，我们的生活会怎样？"

教室里气氛热闹起来，大家众说纷纭，张山轻声说道："没有货币的生活真不敢想象，也只有原始社会有这样的经验了。"

"是的。"格林斯潘接过话，"没有了货币，人类将不得不回到原始社会的以物易物的交易方式，或者将被迫回到自给自足的小农经济生活中去，自给自足，或是用很复杂的方式维持很低水平的生活。总而言之，人类的文明将会大幅度倒退，我们将被迫放弃劳动分工带来的巨大优势。再者，如果人类没有储存价值或储蓄的手段，那不论是长期计划还是远期交易都无法实现，许多东西不能储存，不能批量生产，我们只能走一步是一步。也就是说，货币是必须有的，接下来就是为什么这种交易媒介会是黄金的问题了。"

"这不是由一部分人的简单意愿而决定的，事实上，在任何一个经济体系里，能够被所有市场参与者所共同认可的交易媒介都必须满足一些客观要求，这些要求才是选哪一类商品作为交易媒介的决定性因素。"

格林斯潘拿起粉笔，在黑板上写上了"交易媒介的要求"，然后一边说，一边写。

"首先就是耐久性，交易媒介需要有耐久性，能够存放很长时间。在原始社会，所有的市场交易都只发生在收获季节，所以麦子的存放时间也许让它足以胜任交易媒介的角色。不过，随着原始社会的生产力越来越发达，耐久性的要求变得更高了，耐久的物品很多，比如贝壳、石块等。"

"人类选择过贝壳，但是最终为什么选择金属呢？这就是由于两个原因：同质性和可分割性。"格林斯潘转身写上，然后接着讲，"金属只要重量相同就没有区别，可以被弯曲和塑造成形。其他耐久的商品，比如珠宝玉器之类的，既不具备同质性，也不具备可分割性。当然了，这还不够。"

格林斯潘转过身说："第三个要求也是非常重要的要求，就是稀缺性，这种交易媒介必须是一种奢侈品。所谓的'奢侈品'，是指拥有稀缺性和高价值。高价值且要便于携带，比如一盎司黄金就足以买下半吨生铁，你随身携带一小块金子就可以买下很多粮食，这比你拉一大车生铁去交换要方便得多。"

张山心想，那么能够满足这三个条件的商品就只有黄金了吗？虽然暂时能够想到的商品不多，但是应该不止一种的，正当张山要发问的时候，格林斯潘接着讲了："在货币经济的发展的初级阶段，有许多的商品可以满足上述条件。"张山心想，格林斯潘老师果然可以看透人心，格林斯潘自己则丝毫没有注意到，"所以在某段时间内，有多种交易媒介并存。可是那样是混乱的，不管是黄金还是白银，或是其他什么商品，总需要有一种商品脱颖而出，逐渐被越来越多的参与者所接受，从而成为公认的、唯一的交易媒介。至于单一交易媒介是黄金、白银、贝壳、牛羊，还是烟草，则要取决于特定的社会环境和发展情况。看似每一种都有机会，但是实际上存在着必然的因素。"

"熟悉历史的人都知道，以上我所列举的五种商品都曾经作为交易媒介。一直到近代，黄金和白银都还被用作国际性的交易媒介。之所以被淘汰，就是时代和大众的选择结果。值得注意的是，目前黄金正逐渐取代白银。黄金，因其兼具艺术性、实用性与稀缺性，相比所有其他交易媒介有着显著优势。

王永军老师评注

世界上白银还可以使用约40年，工业上大量消耗白银而不是黄金。

"通过调查我们可以发现，第一次世界大战之后，白银虽说还具有一定的地位，但是黄金实际上成为了单一的国际性交易媒介。当然了，我们现在的货币都不是直接用黄金打造，银行发行纸币作为黄金的替代品，这是为了交易的方便，实际上，交易媒介的本质就是黄金。"

为什么选择黄金作为通用货币

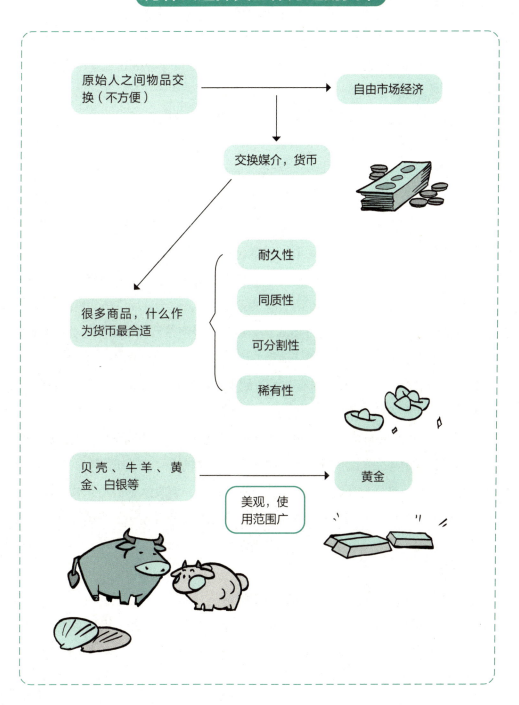

消除恐慌情绪是关键

"经济危机不可能完全消除的另一个原因就是大众的恐慌情绪。"格林斯潘接着说,"在金融危机出现苗头时,恐慌情绪的蔓延要比金融危机蔓延的速度快得多,破坏力也大很多。"

"实际上,股价之所以会影响到很多经济活动,原因就是人们的恐慌情绪在起作用。在过去的几十年里,金融媒介失灵触发的国家经济停滞的案例并不少见。例如20世纪90年代,日本经济先是繁荣发展,然后金融行业出现大量泡沫,最终走向破灭。20世纪80年代到90年代之间,日本的很多金融政策都有失误,当时虽然看不出来,但现在看来,无疑是很明显的。日本政府其实在当时预见了金融市场的危机,也采取了措施,例如1987年的金融缓和政策,1990年的金融紧缩政策等。但遗憾的是,这样的政策都操之过急,反而加速了经济泡沫的膨胀或是破灭,这都充分证明了政策的重要性。由于这场经济危机的源头是金融政策的错误,所以学术界许多人认为股价对经济活动存在很大的直接影响,但我更倾向于认为股价与实际经济活动并无联系,因为股价的波动其实只是视为'账面的'利润或损失,社会财富并没有减少,许多公司的经营状况也是在很不错的情况下会发生股价的跌落。

"那么,为什么账面利润的蒸发对全球经济活动的紧缩作用十分明显呢?这就是通过民众的恐慌情绪所导致的间接影响。通过前面经济学课程的学习,我想大家应该明白,家庭财富对个人消费支出存在影响,而股价对私人资本投资也存在类似的重要影响。投资者非常关注股价,股价大幅跌落会使投资者变得恐慌,他们的经济行为就会变得不理智,恐慌情绪蔓延,多数的投资者就会影响到整个经济发展。"

格林斯潘翻了一页讲义,然后停下来喝水。

张山注视着这位曾经在经济领域叱咤风云的大人物,心想,格林斯潘老师在经济出现问题时,除了做出政策调整,往往也会发表一些言论,看来有时候提升信心的言论可能比政策还重要。

格林斯潘老师将讲义拿起来，说道："我在1959年发表的论文里，曾用公司股价代替资产价值作为参数，研究结果显示，公司股价自1920年以来与工厂订单数量呈现出高度的相关性。两者的相关性一直延续，即使是在近期私人资本投资剧烈波动的情况下也是如此。研究表明，1991年至2008年，股价每变化10%可使实际资本支出同方向变化3%。这一分析充分说明，经济活动下滑同股价的下降必然有着某种间接联系。"

不过，格林斯潘又转口说道："这一切联系的一个重要因素是人类的天性，人们情绪的反复无常，在很大程度上影响了股市的涨跌和经济活动的周期。那么，要想控制或是消除经济危机，促成经济复苏，我们就必须注意消除市场参与者的恐慌情绪。"

"某一只股票有所回升，或是某个地区的经济回暖，都不能够真正标志着危机的消除。只有当投资者的恐惧情绪逐渐消失并带动股票市场复苏时，当前的危机才称得上进入了关键转折点。

"在2008年的全球金融危机中，恐慌情绪就起到了明显的推动作用。原本的经济泡沫不小，金融市场秩序很混乱，这一点我们承认。但是直接危害绝对没有我们现在看到的那么大、那么广。这些金融泡沫引起的民众恐慌才是最大的危害，也就是说，恐慌情绪才是大混乱的最大助力。打个比方，一个原本在自己职位上安心工作的工人，听说了金融危机将要到来，会导致货币贬值、工人失业等，他就会担心自己，害怕失业，然后就会减少开支，战战兢兢地工作，效率也不会很高。当然了，一个人这样做，不会影响到大局。但是多数情况下，这样的应对措施都普遍存在，整个社会弥漫着一种悲观的情绪，大家都缩减开支，经济危机马上就会到来，所有的担心就会很快变成现实。整个市场经济是由人组成的，人是市场活动的终端，只有每一个人都做出有利于经济复苏的举动，整个市场才有希望在低迷之后复苏。"

"恐慌情绪的危害真的有这么大吗？金融危机发生了，大家才会恐慌，总不能说是因为大家的恐慌才有了金融危机吧！"不知道谁在底下不服气地嘀咕。

格林斯潘老师的表情并没有变化，他仍旧不紧不慢地说："可以打一个比方，在一列拥挤的火车上,一名乘客抽烟,烟头引燃了座椅旁边的袋子。这时候,如果马上消除隐患就不会造成伤害。但是,袋子产生的浓烟引起了多数乘客的注意,大家意识到失火了,就会大喊着逃跑,恐慌很快蔓延,多数人看不到真相,只是加入到混乱之中,传播恐慌,加剧混乱。最终造成的伤害就是非常可怕的。"

"当然了,这只是说明一个道理,让大家明白恐慌情绪对于民众造成的影响。两者造成的破坏并不相同。

"明白了恐慌情绪的破坏性,我们就要想办法消除这种情绪,通常我们需要经济学家的引导和媒体的安抚。当然了,空头支票也不管用,政府需要拿出资金或是调整政策,干预经济,这是应对严重危机最有效也最无可奈何的方法。当主流的乐观看法被投资者所接受时,市场参与者的恐慌心理完全消除,并足以支撑私人借款人更为充分地参与到金融市场融资过程中去,我们就可以判断市场能回归正常。"

格林斯潘接着说:"因此,恐慌情绪的消除非常关键,让所有人明白事实的真相,使市场参与者的经济活动回归理性,整个市场也就有秩序了,经济才可以复苏。到这里,我的课就讲完了,希望对大家有所帮助。"

张山起立鼓掌,大家都目送这位曾经的经济掌舵手离开教室。

格林斯潘老师推荐的参考书

《动荡的世界》 艾伦·格林斯潘著。格林斯潘在书中详细而生动地记述了他的个人成长经历和主政美联储时的各种趣事逸闻,以及其经济思想的传统师承,最后还展望了包括中国在内的世界经济的发展和危机。这本书将经济学和经济学家的生活时代相结合,可以帮助人们更好地了解经济学理论是如何产生的。

第十六堂课
斯蒂格利茨老师主讲"博弈"

> 没有任何一家公司是靠内部成长起来的,如果没有兼并和对外扩张的话。

约瑟夫·斯蒂格利茨(Joseph E. Stiglitz, 1943—)

斯蒂格利茨,美国经济学家,哥伦比亚大学教授。2001年,因为在经济学的一个重要分支——信息经济学的创立作出重大贡献,斯蒂格利茨获得诺贝尔经济学奖。

什么是博弈理论

今天是最后一堂课!

在进入教室之前,所有的人都被这样告知了。所以课堂并没有像平时那样乱哄哄的,反而大家都有点儿压抑,毕竟将要离开这么一个神奇的地方,所有人的心里都不太好受。张山也感觉心里沉甸甸的,不过在这份压抑和沉重中又有点儿期待:"到底是个什么样的人物来收场呢?"

最后一个老师登场了,一身职业白领的打扮,全身上下透出一团精神的样子,走路也是虎虎生风的。这个富有朝气的老师一下子把教室的沉闷气氛给搅动了,大家都好奇而期待地看着他。

"大家好,我是约瑟夫·斯蒂格利茨,是最后一堂经济课的讲师。"他非常熟练地扫射了一下教室,并在自我介绍后留下了足够的时间供同学们反应。

王永军老师评注

斯蒂格利茨曾担任世界银行副总裁与首席经济师。

"斯蒂格利茨,美国的经济学家,现今世界经济学界的泰斗人物,<u>对联合国的经济决策有巨大的影响力</u>。这么一个大人物,放在最后一堂课上,还真是有力度啊。"有同学开始点评,并迅速地传开了。所有同学都意识到,这节课将要讲述的是现实的经济学,而不是像以前过去式的经济学家讲述的是成理论的经济学了。

"我今天要讲的第一个问题是博弈论。"斯蒂格利茨老师在黑板上写上"博弈"两个大字,说道,"我们知道,在经济活动中,每个人都希望尽可能地扩大自己的利益,或者说用自己拥有的东西——比如资本、劳动力、技术等,获得最大价值的回报。这种行为和什么有点儿相似呢?"

这不是一个很新鲜的问题,所以教室里先后响起了几个不确定的声音:"打牌""赌博"……

"对,就是赌博,如果给它加上一个好听的名字,就是博弈。"斯蒂格利茨老师笑得非常诡异，"如果把这个说法成系统地上升为一种经济学理论，那就是博弈论。"

听到这里，张山才明白过来老师为什么笑了：作为全世界最主流的经济学家，对博弈理论的解释还真是够非主流的。

"这种博弈理论是成系统的，我在这里并不想讲，时间也不允许我对它进行详细的解释。和打牌一样，我们来看一下在博弈中都需要有哪些角色出现。"斯蒂格利茨老师说。

"决策人：在博弈中首先做出决策的一方，也就是玩牌中的庄家。这一方往往根据自身以往的感受、经验和表面状态，率先采用最符合自己利益的做法，比如地主有很多大对牌，那么他就会先出对牌，因为这样可以保障自己的领先权。

"对抗者：在博弈对局行动中，滞后做出决策的那个人，与决策人要做出相反的决定——也就是离开对方的优势项目。所以庄家先出对子，如果闲家获得话语权，就会出单牌。因为对抗者的动作总是滞后的、默认的、被动的，但是目标也是获得最终优势，所以他的策略就依赖于劣势策略和对决策人意图的判断和策略判定。

"局中人：在同一场博弈或者说竞赛中，每一个能做出决策的人都是局中人，无论是决策者还是对抗者。根据局中人多少，两人的称之为'两人博弈'，多人的为'多人博弈'。"

说到这里，斯蒂格利茨老师突然问道："同样都是四个人玩扑克，'斗地主'和'升级'为什么不一样啊？"

老师话音刚落，就有人说："老师，'斗地主'是三个人玩的。"不过还有同学反驳他——带着浓重的南方口音："湖北的'斗地主'，两副牌，四个人玩也可以。"

"说正题。"老师提醒道。

张山想了想，站起来回答道："玩法，应该是玩法不一样。"那个学经济的同学在旁边补充道："老师，是规则。"

"各位回答得很对。"老师挥了挥手，让所有人都坐下，"任何赌博或者博弈中，规则是最主要的部分，如果没有固定的规则，博弈就无法进行下去。博弈论中关于规则主要有策略和得失两个方面。"

"先说策略。在同一局博弈中，每个局中人都会根据自己的因素，设想以后可以实施的完整的行动方案及博弈策略。而且这种策略是指导整个行动的方案，而不是某个阶段或者说某一步的方案。举一个好玩的例子，比如两个人猜拳，假如每个人的选择都是出拳头。A第一选择是拳头，所以他会想我出拳头那么B就会出布，那么我应该出剪刀，这就是A的第二选择。不过还没完，A又会想那个B也能想到这一步，他就会因此出拳头，那么我应该是出布啊，这就是A的第三选择。你会发现，A的这种猜测可以无限循环。如果策略可以无限循环，那么就是'无限博弈'，如果策略只能猜测固定的次数——打牌出几圈牌也就出完了，那么这就是'有限博弈'。

"再说得失。参与博弈或者比赛都会有结果，这个结果是与每个局中人都相关的，叫作得失。得失的结果其实不是由策略决定的，而是由策略的次序设定的，这更好理解。比如在斗地主中，你很轻松地就感受到，如果出牌——选择策略的次序改变，那么结果就会改变，博弈的得失就不一样了。"

"老师，您说这个对我们来说有什么意义呢？"张山按捺不住了，觉得最后一堂课怎么教起玩牌了。

"请不要着急，这位同学。"斯蒂格利茨老师笑容不变地说，"接下来我们就说到博弈的目的——均衡。均衡是平衡的意思，在经济学中，均衡意即相关量处于稳定值。在供求关系中，某一商品市场如果在某一价格下，想以此价格买下这个商品的人全都能买到，而想卖的人也能完成心愿，此时我们就说，该商品的供求达到了均衡。"

"这个均衡就叫纳什均衡。它是一种稳定的博弈结果。详细解释就是，在对方的策略不改变时，每一个局中人都会发现自己的策略是最棒的，而且如果自己改变策略对方也就会随之改变策略。所以在经济理论中，每个人都害怕经济形势的改变，造成经济体系在某一个点上的静止均衡。"停了一会儿，等同学们把理论都接受了，老师又接着说道，"是不是觉得很困惑？没关系，我举一个例子，

囚徒困境

❶ 两名罪犯被捕

有两名罪犯A、B同时被捕,但无法证明共同犯罪。这时,在两名共犯无法串通的情况下,根据"坦白从宽,抗拒从严"的原则告知双方只要招出共犯,对方被判7年刑,则自己无罪释放;如果双方都招,则双方都是5年徒刑。而实际如果两人不招供,证据不足,就只能都判2年刑。

❷ A和B的困境

		B的困扰	
		抗拒	坦白
A的困扰	坦白	A无罪释放 B被判7年	A被判5年 B被判5年
	抗拒	A被判2年 B被判2年	A被判7年 B无罪释放

❸ A的选择

对A来说,如果认为对方坦白,则自己招供就判5年刑,抗拒就被判7年刑;如果认为B抗拒,则自己坦白就会无罪,抗拒就被判2年刑。所以说对A来说,坦白比抗拒有利。

❹ 结果

为了自己的利益,A、B明知道同时抗拒是最好的选择(只判2年刑),但是出于对对方的不信任,A、B都会坦白,最终同时被判5年刑。

大家就很容易理解博弈策略得出的诡异答案了。"

"假设有两个小偷 A 和 B 一起去偷珠宝，结果被警察抓住。警方将两人分别关在不同的两个房间内进行审讯，而且对每一个犯罪嫌疑人审问时，警方所给出的条件都是这样的：如果这两人都抵死不承认，由于证据不足，两人都被判处 2 年刑；如果一个人坦白自己的罪行，开口的被释放，那个不说的人因为抵死不认则被判处 7 年刑；如果这两个人都开口承认，那么都被判处 5 年刑。大家想一想，最后这两个小偷到底会做出什么样的决策呢？如果不好想象，大家可以模拟操作一下。"

教室里登时就热闹起来，特别是几个可能是一起来的，或者在课堂里结识的人群中，响起"老实交代""饶命""坦白从宽，抗拒从严"的声音。过了一会儿，老师才重新问道："大家得出结论了吗？"

张山以前听过这个，毫不犹豫地站起来说道："这两个犯人分别为 A、B，对 A 来说，尽管他不知道 B 如何选择，但他知道无论 B 选择什么，他选择'坦白'总是最优的。当然这个选择对 B 来说也是成立的，B 也会选择'坦白'，结果是两人都被判刑 5 年刑。"

老师拍起手来，夸奖道："说得非常好。两个小偷明白抗拒的话都会被判 2 年刑，这才是最好的结果，但是在博弈论中，均衡一旦被打破，那么结果就是坦白从严，抗拒从宽。"

> **王永军老师评注**
>
> 经济学中，任何均衡被打破，都伴随着资源重组，即资源会浪费一点。

全球经济将走向哪里

"好了，我们上面解释的博弈论和囚徒困境，其实用大实话说一句就是，人心隔肚皮，在合作下这个世界变得更糟糕。"斯蒂格利茨老师的声音很低沉，"相反，如果这两个小偷足够信任对方的话，最终无可奈何的是警察。但是很遗憾的是，我们生活在这个世界上，每个国家都是参与博弈的囚犯——而且做出的选择比那两个囚犯还糟糕。"

"而这决定着全球经济的未来。"斯蒂格利茨老师开始口若悬河，指点江山起来，"从2000年开始，世界经济持续发展了七八年，而且现在面对经济发展的'副产品'——无论是食品还是汽油都在涨价，无论是美元还是人民币都在贬值，无论是教育费用还是医疗保健的费用都日益不足。这种通货膨胀的局面是从2007年第四季度开始的，而且许多国家的通胀率走到了历史上最困窘的局面。"

"根据联合国的调查数据，2010年11月全球的通货膨胀率已经达到了4.8%的高危程度。这种以石油价格上升为代表的局面很容易让人想到20世纪70年代的全球经济危机，然而在经济全球化发展到各个角落的今天，通货膨胀对整个世界经济造成的影响和危害更大。而且这个危机局面在今天看来，依然没有解决的余地，每一个地球村的成员都被卷入其中，无法避免。"

教室里骚动起来，大家虽然知道通货膨胀，但是中国还不是很明显，中国人民也没有意识到全球通货膨胀的程度。

"这个罪魁祸首，虽然我认为是凯恩斯。"和其他老师一样，斯蒂格利茨先生也避免不了攻击同行，"正是他那种国家规划，通过赤字来拉动经济增长的做法，让全球通货膨胀的积累越来越大，而且不同于20世纪30年代的大萧条，这次全球通胀是10年来一点一滴积累起来的。也就是说，世界各国面临着这样的'囚徒困境'。"

"老师，难道就没有希望了吗？"一个学生怯生生地举手问道。

"当然不可能，虽然通货膨胀是十年来的累积状况。但是和上文所述的囚徒困境一样，如果双方都抵赖，那么就无罪。在世界经济困境中，如果发达国家和发展中国家都勇于承担责任，那么最终就可以解决全球通货膨胀的局面。"斯蒂格利茨老师开了一个小玩笑，"当然，我在这里不会讲什么实际性的技巧，因为那个是要知识产权费的。"

金融全球化

"这就产生了一种奇怪的现象,从数据上来说,美国的通胀率不是最高的反而产生了最大的影响。大家觉得这是为什么?"

这个问题很简单,张山站起来就说:"那是因为美国的经济总量大,抖一抖全球都受影响,像津巴布韦那样的小国,再怎么通货膨胀,也不会影响到全球通胀的大局面。"说完这话,张山很得意地坐下了,觉得自己第一次这么"睿智"。

"你的回答很好,但是你觉得老师能问这么低端的问题吗?"斯蒂格利茨老师的笑容怎么看都是在讥讽,张山的心情一下子从云端落入泥中。

"是金融,金融让美国的经济发展,也让美国的一个经济波动使全球颤抖。"斯蒂格利茨老师放开张山,自顾自地回答说道,"金融是现代经济的重要血液,在过去的几十年里空前发展,而且影响力度早就从实体经济的服务手段变成实体经济活动的控制手段。存在就是合理的,虽然经济危机让很多人谈金融色变,其实金融体系最重要的职能是促进资金的有效配置,从而优化社会资本的配置,而且从投资者的角度来说,金融体系降低了投资风险,毕竟能把自己富余的资金放到别的公司中也可以让自己的公司更加安全。"

"但是布雷顿森林体系解体后,美国完全放开汇率市场,出现了过度金融化的趋势,结果这个金融体系本身就给美国经济造成了很大的麻烦,主要是以下几个方面。首先,国家聘用各种高层人员对金融进行管理,然而金融一旦出现了问题,承担责任的不是管理者,而是普通的纳税人;其次,在金融危机爆发后,那些购买了大量金融产品的投资者,一夜之间财产化为乌有,但是他们没法通过法律来获得赔偿,就算美国法院愿意主持正义,也不可能让某个人来做被告。"

有一个同学在嘀咕:"把那些银行家逮起来。"老师听到了,瞪了那个同学一眼说:"银行家自己破产了就已经尽了法律义务。更重要的一点就是,美国多数金融机构都是上市公司,而金融危机带来的更是股票市场的动荡。"

"花旗集团曾经是全球拥有资本最大的银行，2006年下半年时市值高达2772亿美元。但是到了2009年3月5日，其市面价值只剩下55.96亿美元，缩水率高达98%。大家想想，在这种局面下，那些持有花旗银行股票的股民，该多么伤心啊！"说到这里，斯蒂格利茨老师举了一个搞笑的例子，问道："如果你的人生已经悲剧到一定的地步，那么你觉得更加难受的是什么？"

有一个老者——应该是年纪最大的学生——回答说："看着别人特得意。"老师很尊敬地说："这位先生，你的解释实在是太有道理了。对那些股民来说，也是这样的，明明自己已经很不幸了，可是那些华尔街的金融高管的日子还是过得那么滋润。"

"2010年，华尔街五大金融商发放给员工创纪录的390亿美元奖金，而其中三家金融商事实上在亏损，它们的股东总共损失了800亿美元。更加让人愤怒的是2007年，华尔街已经是山雨欲来风满楼，整体股票价格缩水25%，而且这些金融公司的裁员至少多达6000人，可是他们那一年共向18.6万名员工——最主要的公司高层——支付了高达656亿美元的奖金，其中60%是年终奖金。"说到这个数据，老师已经是愤怒而不是讥讽了，"不患寡而患不均，美国金融街的这种做法只能让市场更加危机和动荡。"

"金融市场分配不均而且不断产生风险，但是普通的百姓却要忍受金融市场这种风险带来的高成本。可以说，金融系统正在让美国承担损失，但是某些人却在获利。这就算用资本主义或者说市场经济的劣根性都无法解释，这是一个扭曲的社会的经济。银行事实上在通过掠夺性贷款来抢劫中产者和穷人，<u>纳税人努力工作帮助银行摆脱困境，而银行家则把恢复经济和贷款的钱给自己发奖金！</u>"

王永军老师评注

整个世界陷入怪圈，穷人拼命储蓄，富人拼命贷款。

教室里很安静，大家都在静静地听着老师的言论。斯蒂格利茨老师依然怒气冲冲地说："我们有办法解决这个不公平吗？反正在我看来很难。别看我是个经济学家，相对这个庞大的金融市场既得利益集团，实在是太弱小了。"

"而造成这种现象的主要原因有三点。一是金融机构规模非常大，股权结构过于分散，股东的影响力太小。而且高级管理层很大程度上被董事会操纵，而董事会则是金融机构高管的同盟，根本不会像中小股东那样去管理金融机构。二是金融机构高薪是行业通病，任何一个机构去改变，其实是在和整个市场和行业作对。三是在金融竞争全球化的背景下，不存在单独某个国家的金融机构进行改革，也就是说任何金融机构的改革是在和世界的金融投资者作对。"

"现在和大家说最后一句话，可以算是这十六堂课的总结。"斯蒂格利茨老师边往外走边说道，"经济上出现了问题，虽然可能是受外国影响，但是最主要的是自己国内的原因，只有不断改革进步才能有健康运行的经济。"

教室里响起雷鸣般的掌声，送给这个可爱的经济学家。

斯蒂格利茨老师推荐的参考书

《经济学》 约瑟夫·斯蒂格利茨、沃尔什著。该书是经典经济学入门著作之一。这本书开头就引述 1980 年联邦政府为克莱斯勒公司做担保的故事作为政府成功干预经济的例子，向读者阐述了实际生活中的经济运行和经济学理论是如何结合的。